AF150437

WESTEND

Christine Prayon

# Abwesenheitsnotiz

## Long Covid, Short Story

WESTEND

Mehr über unsere Autoren und Bücher:
www.westendverlag.de
Die Deutsche Nationalbibliothek verzeichnet diese Publikation in
der Deutschen Nationalbibliografie; detaillierte bibliografische Daten
sind im Internet über http://dnb.d-nb.de abrufbar.

ISBN: 9-783-86489-431-2
2. Auflage 2024, Neu-Isenburg
Umschlaggestaltung: Buchgut, Berlin
Satz: PublikationsAtelier, Weiterstadt
Druck: aprinta Druck GmbH, Wemding
Printed in Germany

hey christine

freut mich voll dass du ein neuese buch mit uns machen ömchtest :-). verstehe nur den ansatz nicht ganz … ist es was geselllschaftskritisches oder eher richtung comedy. und geht es um dich oder ist es fiction. du weißt ich liebe so unkonventionelle sache. brauche nur eine überschrift um zu wissen wohin dir reise geht.
lg gabi

ps: was ist das mit dieser maus die dieter heißt. protagonist? witz? kinderbuch??

Liebe Gabi,

Überschrift … ich weiß nicht. Also, da sollen vor allem meine Texte von 2004 – 2014 rein: die Porno-Rezension, der „Frauenroman", das fiktive Tagebuch. Nach Möglichkeit auch sämtliche antikapitalistische Reden von den Demos gegen Stuttgart 21, Gentrifizierung, TTIP usw.
Ach so, und eine Maus namens Dieter, ja. Ich weiß aber nicht, ob die eine größere Rolle spielen wird.
Ich kann und will mich jetzt nicht auf irgendein Thema oder Genre festlegen, und deshalb mache ich von allem etwas. Ich kann eh nichts mit diesen Kategorisierungen anfangen. Das ist mir zu eng. Ihr könnt es ja als was völlig Abgefahrenes, Brandneues verkaufen. Fusion Literature! Weißte, so wie diese Gemischtes-Essen-Läden im Prenzlauer Berg: der „Fuji-Huaba" (bayrisch-japanisches Trennkost-Creative-Food) oder „Frau Antje liebt Dumbledore" (niederländisch-englische Experimental Fusion Kitchen).

Ich kann mich ja heute mal hinhocken und ein bisschen was schreiben. Die Nacht war okay und heute bin ich symptomfrei (YEAH!!).

Liebe Grüße

Christine

| Von: | Gabi <gabriele@gmail.com> | 14.11.2022, 11:08 |
|------|---------------------------|-------------------|
| An: | Mich <chy255bx+vrlg@secure.mailbox.org> | |
| Betreff: | Re: Re: dein vorschlag | |

hey chistine
freut mich voll zu hören. wenn du am schreiben bist kannst du bitte gelich noch einen kurzen anknüdigungstext für presse schreiben.wär cool wenn ich den gleich heute abend mit den anderen sachen raushauen könnte. danke!!!
lggabi

| Von: | Mir <chy255bx+vrlg@secure.mailbox.org> | 14.11.2022, 11:17 |
|------|----------------------------------------|-------------------|
| An: | Gabi <gabriele@gmail.com> | |
| Betreff: | Re: Re: Re: dein vorschlag | |

Liebe Gabi,

da hast Du mich, glaube ich, falsch verstanden. Ich bin heute den ersten Tag seit zwei Wochen ohne Symptome und kann mal VERSUCHEN, ein paar erste Worte zu schreiben. Ein zusätzlicher Ankündigungstext plus Deadline belastet mich, und Belastung muss ich vermeiden.

Liebe Grüße

Christine

| Von: | Gabi <gabriele@gmail.com> | 14.11.2022, 11:25 |
| An: | Mich <chy255bx+vrlg@secure.mailbox.org> | |
| Betreff: | Re: Re: Re: Re: dein vorschlag | |

oh sorry ist falsch rübergekommen. wollte dir natürlich keinen druck machen. aber sag mal was passiert denn bei belastung.
lg gabi

| Von: | Mir <chy255bx+vrlg@secure.mailbox.org> | 14.11.2022, 11:45 |
| An: | Gabi <gabriele@gmail.com> | |
| Betreff: | Re: Re: Re: Re: Re: dein vorschlag | |

Die Quittung bekomme ich meistens ein, zwei Tage später. Bin dann völlig erschöpft.

| Von: | Gabi <gabriele@gmail.com> | 14.11.2022, 11:50 |
| An: | Mich <chy255bx+vrlg@secure.mailbox.org> | |
| Betreff: | Re: Re: Re: Re: Re: Re: dein vorschlag | |

oh gott ja das kenne ich.wenn ich voll stress habe bin ich auch total dännhäutig und müde und so 😴. was mir dann hilft ist wärmflasche und netflix 👍 👍 👍

| Von: | Mir <chy255bx+vrlg@secure.mailbox.org> | 14.11.2022, 12:13 |
| An: | Gabi <gabriele@gmail.com> | |
| Betreff: | Re: Re: Re: Re: Re: Re: Re: dein vorschlag | |

Liebe Gabi,

ohne Deine Müdigkeit kleinreden zu wollen: Wir reden von zwei völlig unterschiedlichen Dingen. Meine Erschöpfung ist nicht mit Powernap und gutem Buch in den Griff zu kriegen. Ich KANN dann nichts anderes mehr als auf dem Bett liegen. Meistens bekomme ich zu der Erschöpfung noch 1–20 weitere Symptome kardiologischer oder neurologischer Art und bin dann tagelang damit beschäftigt, diese in den Griff zu kriegen oder wenigstens zu lindern.

| | | |
|---|---|---|
| Von: | Gabi <gabriele@gmail.com> | 14.11.2022, 12:19 |
| An: | Mich <chy255bx+vrlg@secure.mailbox.org> | |
| Betreff: | Re: Re: Re: Re: Re: Re: Re: Re: dein vorschlag | |

autsch. darf ich mal fragen welche symtpome das sind. kann mir das gar nicht vorstellen.
lg gabi

| | | |
|---|---|---|
| Von: | Mir <chy255bx+vrlg@secure.mailbox.org> | 14.11.2022, 12:24 |
| An: | Gabi <gabriele@gmail.com> | |
| Betreff: | Re: Re: Re: Re: Re: Re: Re: Re: Re: dein vorschlag | |

Muskelzittern. Muskelschwäche. Muskelzucken. Taubheitsgefühle. Kribbeln. Missempfindungen in Händen und Beinen. Starkes Herzklopfen. Herzstolpern. Herzschmerzen. Druck auf der Brust. Engegefühl. Schwindel. Blutdruckschwankungen. Innere Unruhe. Massive Schlafstörungen. Depressive Verstimmungen. Das ist die kurze Liste.

| | | |
|---|---|---|
| Von: | Gabi <gabriele@gmail.com> | 14.11.2022, 12:31 |
| An: | Mich <chy255bx+vrlg@secure.mailbox.org> | |
| Betreff: | Re: Re: Re: Re: Re: Re: Re: Re: Re: dein vorschlag | |

liebe chrisine
DAS IST JA SCHRECKLICH!!
hast du das mal beim artz abklören lassen?
lgg

Ich bin in den vergangenen neun Monaten ca. zweimal die Woche beim Arzt gewesen. Ist nichts bei rausgekommen, egal ob Internist, HNO, Kardiologe, Neurologe oder Gynäkologin. Bis auf einen kleinen Perikarderguss kurz nach der Infektion waren alle Befunde unauffällig.

aber das ist doch schon mal super. das heißt ja wenigstens du hast nichts mega schlimmes. du hattest ja auch echt viel stress die letzten jahre veilleicht ist das mehr so ne psychosomatische sache. was meinst du.
lgg

Liebe Gabi,

das Problem bei Long Covid oder Post Vac ist, dass diese ganzen vielfältigen Störungen (Immunsystemstörungen, Mikrozirkulationsstörungen, Small-Fiber-Neuropathien, Mastzellaktivierungssyndrom etc. pp.) nicht mit den gängigen diagnostischen Maßnahmen erfasst werden. Ich habe zum Beispiel unzählige Blutbilder bei unzähligen Ärzten machen lassen, bis ich endlich mal bei einem Arzt gelandet bin, der mein Blut auf ganz andere Werte untersucht und festgestellt hat, dass ich einen Histaminüberschuss habe und der Wert der zentralen Memoryzellen zu niedrig ist. Letzteres ist übrigens eine Auffälligkeit im Blutbild sämtlicher Patienten mit Impfnebenwirkungen. Man muss halt danach suchen wollen. Wenn nur das Übliche gecheckt wird, findest Du halt nichts raus. Und ohne eindeutige Klärung der Ursachen wird man dann eben als Spinnerin abgestempelt und kriegt Antidepressiva.

So geht's nahezu allen, die longcovid- oder postvacgeschädigt sind. Da bin ich noch eine, der es besonders gut geht. Ich habe ja nur alle zehn Tage das Gefühl, ich sterbe. Es gibt andere, die können nur noch im Bett liegen. Tagein, tagaus. Die können sich entscheiden zwischen Tagesenergie verbrauchen für einmal duschen oder Tagesenergie verbrauchen für einmal kochen.

Ich denke, Dieter, die Maus, könnte so eine Art Sidekick für die Ich-Erzählerin sein. So ein seltsames Tier, welches immer wieder auftaucht und Fragen stellt oder das Geschriebene böse kommentiert.

Liebe Grüße
Christine

| Von: | Gabi <gabriele@gmail.com> | 14.11.2022, 15:41 |
| An: | Mich <chy255bx+vrlg@secure.mailbox.org> | |
| Betreff: | Re: Re: Re: Re: Re: Re: Re: Re: Re: Re: Re: Re: Re: Re: dein vorschlag | |

liebe chrsitne
das mit dieter klingt liustig. pass nur bitte auf dass es nicht zu abgefahren wird, da du ja auch sonst schon mit lesegewohnheiten brichst und kein eindeutiges genre bedeinst. wird dann sehr geheimtippig wenn du weißt was ich meine. mach doch lieber was aus deiner krankenstory wenn du dich da so gut aukennst.
lggabi

Jaaaaaaa!

Dieter hat Long Covid und kann Käse nicht mehr riechen. Das gefällt mir.

chistine im ernst ich hab jetzt noch mal drüber nachgedacht .schreib doch einfach deine eigene geschichte auf . Das könnte di rhelfen und vielen anderne betroffenen auch. ein buch das mut macht und sehr authentisch ist. wenn du so willst ein bio-grafie mit schwerpunkt auf deiner krankheit. lg g

Liebe Gabi,

meinst Du so ein Buch, was in jeder Bahnhofsbuchhandlung liegt und in dem ir-gendein C-Promi erzählt, wie er irgendeine Krankheit oder irgendeinen Schick-salsschlag oder zu viel Fernsehen überlebt hat und jetzt dank Yoga und der Rück-besinnung auf Familie und Freunde endlich bei sich angekommen ist? So was „Persönliches" und „Berührendes"? So was „schonungslos Ehrliches"?

Ich bin, offen gestanden, etwas verblüfft, dass Du mir einen solchen Vorschlag machst. Ich hätte mir nach der gemeinsamen Arbeit am letzten Buch gewünscht, mich jetzt nicht noch mal erklären zu müssen. Ich hatte gehofft, Du weißt, dass ich grundsätzlich Öffentliches und Privates voneinander trenne, und dass mir viel an der künstlerischen Übersetzung und auch einer gewissen Ästhetisierung von Inhalten liegt.

Liebe Grüße
Christine

| Von: | Gabi <gabriele@gmail.com> | 14.11.2022, 16:19 |
|---|---|---|
| An: | Mich <chy255bx+vrlg@secure.mailbox.org> | |
| Betreff: | Re: Re: Re: Re: Re: Re: Re: Re: Re: Re: Re: Re: Re: Re: Re: Re: Re: Re: dein vorschlag | |

hey chrstine
natürlich mach wie du denkst war nur ein vorschalg. ic hdenke halt so ein buch könnte bissl besser laufen als dein buch über utopien. jetzt vom marketing her gedacht. by the way du bist kein c-promi ;-)
lg gabi

| Von: | Mir <chy255bx+vrlg@secure.mailbox.org> | 14.11.2022, 17:00 |
|---|---|---|
| An: | Gabi <gabriele@gmail.com> | |
| Betreff: | Re: Re: Re: Re: Re: Re: Re: Re: Re: Re: Re: Re: Re: Re: Re: Re: Re: Re: dein vorschlag | |

Danke, lieb von Dir!
Herzliche Grüße
Christine

Von: Gabi <gabriele@gmail.com>     14.11.2022, 17:06

An: Mich <chy255bx+vrlg@secure.mailbox.org>

Betreff: Re: Re: Re: Re: Re: Re: Re: Re: Re: Re: Re: Re: Re: Re: Re: Re: Re: Re: Re: dein vorschlag

achso nee ich meint edamit du bist wenn überhaupt dann z-promi. nicht bös ge-meimt. nur weil du ja wegen long covid gar nicht mehr im fernesehn auftauchst.

Von: Mir <chy255bx+vrlg@secure.mailbox.org>     14.11.2022, 17:14

An: Gabi <gabriele@gmail.com>

Betreff: Re: Re: Re: Re: Re: Re: Re: Re: Re: Re: Re: Re: Re: Re: Re: Re: Re: Re: Re: Re: dein vorschlag

Pardon, liebe Gabi, meine Fernseh-Abstinenz hat doch ursächlich damit zu tun, dass ich mich auf bestimmte Kompromisse seit Jahren nicht mehr einlasse, und dass ich halt meinen Mund aufgemacht habe, wenn Redakteure versucht haben, mich zu demoralisieren, und dass ich Kritik geäußert habe, wenn ich sie angebracht fand, und dass ich meinen Hintern nicht in jede Talkshow reingesetzt und meine Meinung nicht in jedes Mikro reingeplärrt habe, und dass ich nicht auf Galas von Konzernen oder Parteien aufgetreten bin, dass ich mich einfach insgesamt nicht habe korrumpieren lassen!

Das hat, mit Verlaub, nichts mit Long Covid zu tun.

Im Übrigen habe ich nicht Long Covid. Ich habe Long Covid oder Post Vac. Das mag sich in der Symptomatik ähneln, die Ursachen sind aber andere. Es ist wichtig, das zu unterscheiden!

Wenn die Politik jetzt versucht, aus allem eins zu machen und zu sagen, ist doch letzt-lich egal, wie das Kind heißt, nennen wir es der Einfachheit halber mal Long Covid, dann ist das der perfide Versuch, alles dem bösen Virus in die Schuhe zu schieben, das tatsächliche Ausmaß der Impfschäden kleinzureden oder zu leugnen und als Benefit des Ganzen damit sogar noch Werbung für die nächste Impfkampagne zu machen.

A propos Impfung: Ich möchte das Wort eigentlich gerne vermeiden, da es sich bei der Behandlung mit mRNA-Wirkstoffen ja nicht um eine Impfung im eigentlichen Sinne handelt.

Bei einer Impfung wird, so weit ich weiß, meist ein Teil des Erregers oder der Erreger selbst (tot oder lebendig) in den Körper injiziert und dem Immunsystem präsentiert, damit Antikörper gebildet werden. Das funktioniert in der Regel ziemlich gut.

Bei der Injektion des mRNA-Gentherapeutikums wird den Zellen des Körpers eine künstlich geschaffene Information, ein Bauplan gewissermaßen auf genetischer Ebene übergeben. Der Körper wird damit quasi animiert, das, was schädlich ist, selbst herzustellen, damit sich dann das Immunsystem mit dieser Substanz auseinandersetzen kann. Und das funktioniert in vielen Fällen leider nicht wie erwartet.

So betrachtet weiß ich nicht, ob der Begriff „Impfung" in diesem Zusammenhang dafür tatsächlich noch angebracht ist.

Liebe Grüße
Christine

| Von: | Gabi <gabriele@gmail.com> | 14.11.2022, 17:23 |
| --- | --- | --- |
| An: | Mich <chy255bx+vrlg@secure.mailbox.org> | |
| Betreff: | Re: Re: Re: Re: Re: Re: Re: Re: Re: Re: Re: Re: Re: Re: Re: Re: Re: Re: Re: Re: Re: dein vorschlag | |

ich habs. titel: DIE COVIDEALISTIN. 250 seiten. klappbroschur. erscheingunungstermin im herbst. wg. promo frag ich bei lanz nach. lgg

| | | |
|---|---|---|
| Von: | Mir <chy255bx+vrlg@secure.mailbox.org> | 14.11.2022, 17:26 |
| An: | Gabi <gabriele@gmail.com> | |
| Betreff: | Re: Re: Re: Re: Re: Re: Re: Re: Re: Re: Re: Re: Re: Re: Re: Re: Re: Re: Re: Re: Re: dein vorschlag | |

Ich denke drüber nach.

| | | |
|---|---|---|
| Von: | Gabi <gabriele@gmail.com> | 14.11.2022, 17:30 |
| An: | Mich <chy255bx+vrlg@secure.mailbox.org> | |
| Betreff: | Re: Re: Re: Re: Re: Re: Re: Re: Re: Re: Re: Re: Re: Re: Re: Re: Re: Re: Re: Re: Re: dein vorschlag | |

hey chitsine
supi. wenn du paar seitne hast schick gerne schon mal erste entwürfe damit ich seh in welche richtung das geht okay ;-)
lg gabi

| | | |
|---|---|---|
| Von: | Mir <chy255bx+vrlg@secure.mailbox.org> | 14.11.2022, 17:33 |
| An: | Gabi <gabriele@gmail.com> | |
| Betreff: | Re: Re: Re: Re: Re: Re: Re: Re: Re: Re: Re: Re: Re: Re: Re: Re: Re: Re: Re: Re: Re: Re: dein vorschlag | |

Liebe Gabi,

das kann ich machen, obwohl ich befürchte, dass Kritik während des Schreibprozesses mich eher lähmt, als dass sie mir hilft. Mir reicht ja schon der Zensor im eigenen Kopf.

Herzliche Grüße
Christine

| Von: | Gabi <gabriele@gmail.com> | 14.11.2022, 17:38 |
| An: | Mich <chy255bx+vrlg@secure.mailbox.org> | |
| Betreff: | Re: Re: Re: Re: Re: Re: Re: Re: Re: Re: Re: Re: Re: Re: Re: Re: Re: Re: Re: Re: Re: Re: Re: Re: dein vorschlag | |

keine panik kein stress. sollen nur anregnungen sein. und unterstützung damit wir nachher nicht wieder so viel arbeit haben wie letztes mal weisste. war ja im nachhineinn icht so easy nachzuvollziehen wo der rote faden in der geschichte war (nicht bös gemeint weisst du ja selber). deshalb wär toll gleich von anfang zusammen zu arbeiten. verstehst du was ich meine?

lg g

| Von: | Mir <chy255bx+vrlg@secure.mailbox.org> | 14.11.2022, 17:55 |
| An: | Gabi <gabriele@gmail.com> | |
| Betreff: | Re: Re: Re: Re: Re: Re: Re: Re: Re: Re: Re: Re: Re: Re: Re: Re: Re: Re: Re: Re: Re: Re: Re: Re: dein vorschlag | |

Alles klar, liebe Gabi. Ich tüte Dir die ersten Seiten ein. Sie müssten dann spätestens übermorgen bei Dir sein.

Herzliche Grüße
Christine

PS: Lanz nimmt keine Z-Promis.

| Von: | Gabi <gabriele@gmail.com> | 14.11.2022, 18:01 |
| An: | Mich <chy255bx+vrlg@secure.mailbox.org> | |
| Betreff: | Re: Re: Re: Re: Re: Re: Re: Re: Re: Re: Re: Re: Re: Re: Re: Re: Re: Re: Re: Re: Re: Re: Re: Re: dein vorschlag | |

wie übermorgen?das war ein witz oder. sorry bei mir steht manchmal einer auf der leitung. nee schick gerne als doc im anhag dann les ich heut abend in der bahn. lg gabi ps: ich machbei mails immer zwunkersmileys hinter witze. ist manchmal hilfreich ;-)

| Von: | Mir <chy255bx+vrlg@secure.mailbox.org> | 14.11.2022, 18:13 |
| An: | Gabi <gabriele@gmail.com> | |
| Betreff: | Re: Re: Re: Re: Re: Re: Re: Re: Re: Re: Re: Re: Re: Re: Re: Re: Re: Re: Re: Re: Re: Re: Re: Re: Re: Re: dein vorschlag | |

Liebe Gabi,

bei Dir steht keiner auf der Leitung. Ich schicke es Dir tatsächlich mit der Post, weil das, wenn Du Dich erinnerst, beim letzten Buch nicht so richtig geklappt hat mit den E-Mail-Anhängen. Weißt Du noch? Du hast die Korrekturen in Apple Mail angehängt und bei mir in Thunderbird war kein Anhang zu sehen.

Nichts für ungut und beste Grüße

Christine

| Von: | Gabi <gabriele@gmail.com> | 14.11.2022, 18:16 |
| An: | Mich <chy255bx+vrlg@secure.mailbox.org> | |
| Betreff: | Re: Re: Re: Re: Re: Re: Re: Re: Re: Re: Re: Re: Re: Re: Re: Re: Re: Re: Re: Re: Re: Re: Re: Re: Re: Re: dein vorschlag | |

gut dass ist ja kein unlösbares problem oder. deswegen müssen wir uns ja jetzt nich tgleich berittene boten oder breiftauben schicken ;-)

| Von: | Mir <chy255bx+vrlg@secure.mailbox.org> | 14.11.2022, 18:40 |
|------|------------------------------------------|-------------------|
| An: | Gabi <gabriele@gmail.com> | |
| Betreff: | Re: Re: Re: Re: Re: Re: Re: Re: Re: Re: Re: Re: Re: Re: Re: Re: Re: Re: Re: Re: Re: Re: Re: Re: Re: Re: Re: Re: Re: dein vorschlag | |

Liebe Gabi,

da hast Du recht. Wir haben aber leider nicht nur ein „Dein Mac will, dass ich einen Mac benutze"-Problem, sondern auch eins mit Datenschutz.
Ich habe Dir dann die Texte über einen Ende-zu-Ende-verschlüsselnden E-Mail-Anbieter geschickt, wenn Du Dich erinnerst, und bekam sie von Dir korrigiert via Googlemail retour. Ich möchte wichtige Dokumente aber nicht unverschlüsselt versenden. Ich hoffe, Du verstehst das. Ein bisschen.

Liebe Grüße
Christine

| Von: | Gabi <gabriele@gmail.com> | 14.11.2022, 18:44 |
|------|---------------------------|-------------------|
| An: | Mich <chy255bx+vrlg@secure.mailbox.org> | |
| Betreff: | Re: Re: Re: Re: Re: Re: Re: Re: Re: Re: Re: Re: Re: Re: Re: Re: Re: Re: Re: Re: Re: Re: Re: Re: Re: Re: Re: Re: Re: dein vorschlag | |

wow du bist ja noch mehr anti-comptuer als meine mum

| | |
|---|---|
| Von: | Mir <chy255bx+vrlg@secure.mailbox.org> |
| An: | Gabi <gabriele@gmail.com> |
| Betreff: | Re: Re: Re: Re: Re: Re: Re: Re: Re: Re: Re: Re: Re: Re: Re: Re: Re: Re: Re: Re: Re: Re: Re: Re: Re: Re: Re: Re: dein vorschlag |

14.11.2022, 18:49

Liebe Gabi,

gegen Computer habe ich gar nichts. Frag mal Deine Mutter, wie sie damals die Volkszählung fand.

Herzlich
Christine

| | |
|---|---|
| Von: | Gabi <gabriele@gmail.com> |
| An: | Mich <chy255bx+vrlg@secure.mailbox.org> |
| Betreff: | Re: Re: Re: Re: Re: Re: Re: Re: Re: Re: Re: Re: Re: Re: Re: Re: Re: Re: Re: Re: Re: Re: Re: Re: Re: Re: Re: Re: dein vorschlag |

14.11.2022, 18:51

liebe chirstine

du ist ja okay. hab ja auch nicht wahrnsinnig viel knowhow was das angeht.ich mag halt nur wenns funktioniert undschnell geht. lg gabi

| Von: | Mir <chy255bx+vrlg@secure.mailbox.org> | 14.11.2022, 19:00 |
|---|---|---|
| An: | Gabi <gabriele@gmail.com> | |
| Betreff: | Re: Re: Re: Re: Re: Re: Re: Re: Re: Re: Re: Re: Re: Re: Re: Re: Re: Re: Re: Re: Re: Re: Re: Re: Re: Re: Re: Re: Re: Re: Re: dein vorschlag | |

Liebe Gabi,

wir können die Dokumente auch mit einem Kennwort schützen, kein Problem.
Also, wenn ich das Kennwort aussuchen darf ... Dein Kennwort „kennwort" fand
ich beim letzten Buch ausbaufähig. Zwunkersmiley.

Liebe Grüße
Christine

| Von: | Gabi <gabriele@gmail.com> | 14.11.2022, 19:06 |
|---|---|---|
| An: | Mich <chy255bx+vrlg@secure.mailbox.org> | |
| Betreff: | Re: Re: Re: Re: Re: Re: Re: Re: Re: Re: Re: Re: Re: Re: Re: Re: Re: Re: Re: Re: Re: Re: Re: Re: Re: Re: Re: Re: Re: Re: Re: dein vorschlag | |

nee sorry du meinst so krytptische passworöter mit 20 stellen großkleinschrei-
bung sonderzeichen etcpp. weiß nicht was das bringen soll. die kann ich mir nicht
merken und wenn ich sie aufschreibe kann ich mir nicht meken wohin ich sie ge-
schreiben habe und wenn ich sie an meine laptop klebe kann sie jeder lesen bringt
also auch nix. nee lass gut sein. dann schick halt per post. ist ja auch irgendwie
chramant. so als ob du jane austen wärst oder so ;-).

Von:    Mir <chy255bx+vrlg@secure.mailbox.org>      14.11.2022, 19:00

An:     Gabi <gabriele@gmail.com>

Betreff:   Re: Re: Re: Re: Re: Re: Re: Re: Re: Re: Re: Re: Re: Re: Re: Re: Re:
Re:   Re: Re: Re: Re: Re: Re: Re: Re: Re: Re: Re: Re: Re: Re: Re: dein vorschlag

Liebe Gabi,

es sei. Jane Austen faltet jetzt das mit ihrem Gänsefederkiel beschriftete Perga-
ment, versiegelt es mit heißem rotem Wachs und tritt den langen Fußmarsch zur
nächsten Postkutsche an.

Yours sincerely,
Jane


Von:    Gabi <gabriele@gmail.com>      14.11.2022, 19:04

An:     Mich <chy255bx+vrlg@secure.mailbox.org>

Betreff:   Re: Re: Re: Re: Re: Re: Re: Re: Re: Re: Re: Re: Re: Re: Re: Re: Re:
Re:   Re: Re: Re: Re: Re: Re: Re: Re: Re: Re: Re: Re: Re: Re: Re: dein vorschlag

hey alles klar mach wie du magsst. überleg halt mal so generell für die zuknuft ob
es nicht einfacher + schnelle ist mit nem mac. nicht bös gemeint nur wegen ver-
einfachung ;-).lg gabi

| Von: | Mir <chy255bx+vrlg@secure.mailbox.org> | 14.11.2022, 19:40 |
|---|---|---|
| An: | Gabi <gabriele@gmail.com> | |
| Betreff: | Re: Re: Re: Re: Re: Re: Re: Re: Re: Re: Re: Re: Re: Re: Re: Re: Re: Re: Re: Re: Re: Re: Re: Re: Re: Re: Re: Re: Re: Re: Re: Re: Re: Re: dein vorschlag | |

Liebe Gabi,

wenn ich jetzt von Linux auf Apple umsteigen würde, wäre das so, als ob ich wieder die Grünen wählen würde, nachdem ich sie aus Gründen schon seit über zwanzig Jahren nicht mehr wähle.

Herzliche Grüße
Christine

PS: Du hast mein letztes Buch lektoriert, aber hast Du es auch gelesen? Da steht was über Utopien und alternative Gesellschaftsmodelle (also auch über Freie Software) drin …

| Von: | Gabi <gabriele@gmail.com> | 14.11.2022, 19:44 |
|---|---|---|
| An: | Mich <chy255bx+vrlg@secure.mailbox.org> | |
| Betreff: | Re: Re: Re: Re: Re: Re: Re: Re: Re: Re: Re: Re: Re: Re: Re: Re: Re: Re: Re: Re: Re: Re: Re: Re: Re: Re: Re: Re: Re: Re: Re: Re: Re: Re: dein vorschlag | |

oops

kenne eine kabarettistin di eimmer eine ganz klar unterscheidung macht zwischen ihrer privaten meinung und dem was ihre figuren im buch und auf der bühne sagen. insofern sorry aber das mit linux hab ich echt nicht so ernst genommen. mach wie du willst est echt kein thema schick rüber ich freu mich.

lg gabi

| Von: | Mir <chy255bx+vrlg@secure.mailbox.org> | 14.11.2022, 19:49 |
|---|---|---|
| An: | Gabi <gabriele@gmail.com> | |
| Betreff: | Re: Re: Re: Re: Re: Re: Re: Re: Re: Re: Re: Re: Re: Re: Re: Re: Re: Re: Re: Re: Re: Re: Re: Re: Re: Re: Re: Re: Re: Re: Re: Re: Re: Re: Re: Re: Re: dein vorschlag | |

Hast Du die Grünen gewählt?

| Von: | Gabi <gabriele@gmail.com> | 14.11.2022, 19:51 |
|---|---|---|
| An: | Mich <chy255bx+vrlg@secure.mailbox.org> | |
| Betreff: | Abwesenheitsnotiz | |

Guten Tag,

das Büro ist momentan nicht besetzt.
Gerne antworte ich auf Ihre Anfrage so schnell wie möglich.
In dringenden Fällen schicken Sie Ihre Anfrage bitte an zentrale@verlag.de.

Mit freundlichen Grüßen
Gabriele Konopke

# Vorwort

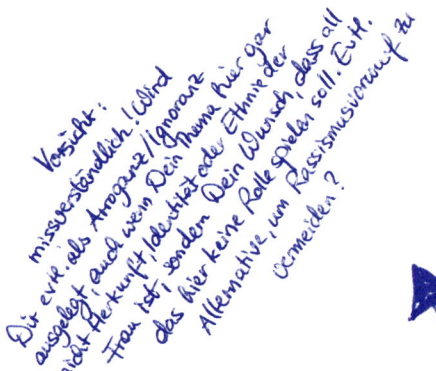

*[Handschriftliche Notiz:]* Vorsicht: (wird missverständlich. Wird Dir evtl. als Arroganz/Ignoranz ausgelegt; auch wenn Dein Thema hier gar nicht Herkunft/Identität oder Ethnie der Frau ist, sondern Dein Wunsch, dass all das hier keine Rolle spielen soll. Evtl. Alternative, um Rassismusvorwurf zu vermeiden?

Ziiiiiiieh. Hooooooooch.
Ziiiiiiieh. Hooooooooch.
Ziiiiiiieh. Hooooooooch.

Singt die chinesische Frau, während die andere chinesische Frau vor dem chinesischen See mit ihren Händen Flügelschläge und Wellen macht. Vielleicht soll es „Chi Gong" heißen, was die Frau singt. Aber wahrscheinlich heißt es etwas ganz anderes und ist gar kein Chinesisch. Vielleicht ist die Frau auch gar keine Chinesin und der See liegt in Kanada. Wie es alles in echt ist, ist jetzt egal. Hauptsache, es beruhigt. Je einfacher, desto beruhigender.

Die chinesischen Frauen und ich, wir sind jetzt ein Team seit ein paar Wochen. Sie kennen mich nicht, aber ich sie, dank Internet. Und jeden Nachmittag singen und chigongen sie auf meinem Laptop, während ich dazu atme und chigonge und mir einbilde, es ginge mir nachher besser als vorher. Ob ich es mir nur einbilde oder ob es mir tatsächlich besser geht, spielt keine Rolle. Etwas zu tun, fühlt sich *[Handschrift am Rand: im Kontext verständlich, aber für den Einstieg m.E. zu vulgär]* jedenfalls so an, als sei man der ganzen großen, fetten Scheiße nicht ganz so ausgeliefert. Denn das ist eigentlich das Schlimmste an der ganzen Sache: das Gefühl des Ausgeliefertseins, der Macht- und Hilflosigkeit, des absoluten Alleinseins und Alleingelassenwerdens.

Es mangelt nicht an Empathie seitens Freunden, Familie und Kollegen. Es mangelt auch nicht an tatkräftiger, mitunter auch finanzieller Unterstützung derer, die einem am nächsten stehen. Woran es mangelt, ist konkrete medizinische Hilfe.

Wo bekomme ich endlich, nach Monaten, die notwendige Behandlung, die richtige Therapie? Stattdessen bin ich mit fröhlichem Ärzte-Hopping beschäftigt, um die ständig wechselnden Symptome zu lindern und schlimmere Ursachen auszuschließen. Herzinfarkt? Nein, puh, Glück gehabt, wieder mal „nur" das übliche Symptomfeuerwerk meiner bereits diagnostizierten Krankheit.

Aber was für eine Krankheit HABE ICH EIGENTLICH???

Montags klopft mein Herz, als hätte ich gleich Premiere im Theater. Dienstags klopft es nicht mehr so wahnsinnig, dafür tut es weh. Mittwochs ist der Herzschmerz Schnee von gestern, allerdings kribbelt mein ganzer Körper. Donnerstags fühlen sich meine Beine schlapp und schwer an. Freitags fühle ich mich nahezu symptomfrei und stelle schon mal den Champagner kalt. Samstags Kreislaufzusammenbruch und ab in die Notaufnahme. Sonntags Depression.

Herzlich willkommen in meinem Leben. Herzlich willkommen bei „Ziemlich Long Irgendwas".

*Titelvorschlag? Zu nett, zu indifferent m. E.
Besser: „Mein Kampf gegen den Feind in mir"
oder „Ich will mein Leben zurück"*

# Kapitel 1

## Long Covid oder Long Impfung?

Wenn ich meine Ruhe haben will, sage ich einfach, ich habe Long Covid. Das verstehen alle sofort, im Sinne von „Verständnis dafür aufbringen". Wirklich verstehen tut es natürlich keiner, denn das Nichtverstehen von Long Covid scheint zu dieser Krankheit mittlerweile wie die vielen Symptome einfach mit dazuzugehören.

Wenn es jemand aber mal genauer wissen will, dann sage ich, ich weiß nicht, was ich habe. Irgendein Long Dingsbums auf jeden Fall, denn long ist es, etwa zehn bis zwölf Monate long (Stand heute). Aber ob das Ganze ursächlich mit der Infektion zu tun hat, kann ich so nicht eindeutig beantworten, da einige meiner Symptome bereits neun Tage nach der ersten Comirnaty-„Impfung" auftraten. Ich brachte die Symptome zu dem Zeitpunkt nicht eindeutig mit dem Piks in Verbindung, wenngleich ich diesen Zusammenhang auch nicht ausschloss. Ich ließ mich trotz der Beschwerden auf ärztlichen Rat hin noch ein zweites Mal „impfen" – aus heutiger Sicht vielleicht ein Fall von kognitiver Dissonanz. Die Symptome verschwanden erst nach vier bis fünf Wochen und tauchten umso stärker wieder auf, nachdem ich mich gut drei Monate später mit Covid-19 infiziert hatte. Es könnte also sein, dass das Durcheinander in meinem Körper durch die „Impfung" ausgelöst und dann durch die Virusinfektion erneut befeuert, getriggert wurde. Das sage ich jetzt mal mit Laienlogik, mit dem, was gemeinhin unter „gesunder Menschenverstand" läuft.

*[handschriftliche Randnotiz:]* Achtung Schwurbelalarm! Klar ist Dir das so passiert, aber damit ist es ja erst mal nur Deine Realität und hat mit der gesellschaftlichen Realität bzw. der öffentlichen Wahrnehmung dieses Themas nichts zu tun. Lieber weglassen, gibt nur Ärger!

28

Eine andere These ist die, dass ich ohne die vorherige „Impfung" nach der Covid-19-Erkrankung vermutlich noch viel schlimmere Symptome gehabt hätte, wenn ich bereits nach der ersten Injektion so sensibel darauf reagiert habe. Diese These habe ich von Ärzten öfter zu hören bekommen. Ähm, ja. Nun ja. Mhm. Klingt interessant. Sagen wir es mal so: Ich habe Fragen. Und zwar mittlerweile SEHR VIELE.

Wo sind die Zahlen, die belegen, wie viele Geimpfte und wie viele nicht Geimpfte an Long Covid leiden? Dass es Menschen gibt, die sich mit Corona in einem frühen Stadium (zum Beispiel mit der Alpha-Variante) infiziert haben, bevor es überhaupt die „Impfung" gab, und die seitdem Long Covid haben, ist mir bekannt. Aber gibt es auch Menschen mit Long Covid, die an einer späteren Variante (etwa Delta oder Omikron, die ja mit Alpha verglichen als weniger gefährlich galten) erkrankt sind und die nicht geimpft sind? In welchem Verhältnis stehen diese Zahlen zueinander? Aufgrund der mittlerweile deutlich höheren Zahl an geimpften Menschen gegenüber nicht geimpften Menschen interessieren hier logischerweise nicht die absoluten, sondern die relativen Zahlen der an Long Covid Erkrankten. Oder anders gefragt: Haben in der Relation mehr Menschen, die geimpft, oder mehr Menschen, die nicht geimpft sind, Long Covid? Und wie unterscheidet sich das je nach Virusvariante? Gibt es Kohortenstudien dazu? Werden sie veröffentlicht? Wenn es keine entsprechenden Studien in Deutschland gibt, gibt es denn welche in anderen Ländern? *Worauf willst Du hinaus?*
*Was willst Du andeuten?*
*Achtung S.-Alarm!*

Und dann: Wenn Therapieansätze wie etwa die Immunadsorption oder Apherese in Verruf geraten, weil es dazu noch zu wenige evidenzbasierte Ergebnisse gibt, warum wird nicht längst in viel größerem Umfang und Tempo dazu geforscht? Und wenn unzureichende wissenschaftliche Erkenntnisse und Belege für die Wirksamkeit ein Grund sind, vor bestimmten Behandlungsmöglichkeiten zu warnen, warum war genau derselbe Grund kein Hindernis bei der Zulassung der neuen mRNA- und Vektorimpfstoffe? Wenn Ärzten und Heilpraktikern, die die oben genannten und andere Therapieansätze durchführen, vorgeworfen wird, diese Therapien aus reiner Geldmacherei anzubieten, warum wird den verzweifelt nach Hilfe suchenden Patienten und Patientinnen keine Alternative geboten? *S.-A.!!*

*Es gibt m.E. keine Alternativen, weil man halt noch viel zu wenig weiß!*

*nochmal Achtung Schwurbelalarm! Öl ins Feuer von Querdenker*innen! (Und nochwas: Bitte lass die Anführungszeichen bei "Impfung" weg!! Ich weiß, Du nimmst es mit der Definition sehr genau, aber a) das liest sich nicht schön und b) es kommt wirklich arg schwurbelig rüber.)*

29

Und wenn man noch viel zu wenig weiß, warum wird nicht endlich deutlich mehr Geld in die Hand genommen, um das zu ändern? Ich weiß, dass behauptet wird, es werde nun Geld dafür in die Hand genommen, aber es wurde ja auch behauptet, die freien Kulturschaffenden würden in der Pandemie nicht alleingelassen. (Hihi.) Long Covid ist mittlerweile zur neuen Volkskrankheit geworden und Post Vac ist sein doofer Zwillingsbruder, mit dem keiner reden will. Das wächst sich zu einem riesigen Problem aus, nicht nur in gesundheitlicher, sondern auch in wirtschaftlicher Hinsicht, in erster Linie natürlich für die daran Erkrankten, aber auch für Krankenkassen und Rentenversicherungen, die nun Hunderttausende neuer „Kund*innen" haben. Warum fehlt also Geld für klinische Studien zu Long Covid und Post Vac, während gleichzeitig ohne Weiteres 32 Millionen Euro für die letzte Impfkampagne verfügbar waren?

*[Handwritten left margin:] LC=Volks-krankheit? Hast Du belastbare Zahlen dafür? Sorry, bin nur pingelig wg. Fakten-check*

*[Handwritten right margin:] S*

*[Handwritten annotation below paragraph:] Naja, die ist ja auch irgendwo wichtig gewesen. Ich denke, die meisten schü... Impfen ja eher, als dass es sie krank macht. Bitte n... die ei... Not ge... die ande... aussp... ↓ SA...*

Warum gibt es nicht überall in Deutschland Long-Covid- und Post-Vac-Ambulanzen, warum wird das medizinische Personal nicht zu diesen Themen geschult und dafür sensibilisiert, warum wird Post Vac nicht als Impfschaden anerkannt und dementsprechend Entschädigung an die Betroffenen gezahlt, warum müssen Long-Covid-, aber vor allem Post-Vac-Geschädigte den Großteil ihrer Behandlungen selbst zahlen? Warum ist das Thema Long Covid, aber vor allem Post Vac immer noch ein so großes Tabu? Müsste, um diese Themen zu enttabuisieren, nicht eine Aufarbeitung der Fehler, die beim „Management" der Pandemie gemacht wurden (zum Beispiel der Stigmatisierung und Diskriminierung nicht geimpfter Menschen), erfolgen?

*[Handwritten right margin:] SA*

*[Handwritten right margin:] SA*

Ist eigentlich mittlerweile raus, wo das Virus seinen Ursprung hat? Wer hat Nordstream 2 gesprengt?

*[Handwritten:] SA!! (+ Off-Topic!)*

Und wo bekomme ich Antworten auf meine Fragen?

Christine:

1. Die Abkürzung SA steht für Schwurbelalarm. Kommt hier häufiger vor, deshalb der Einfachheit halber das Kürzel. Ich markiere Dir damit Passagen, die vom Ton und/oder Inhalt her dem Duktus von Querdenker*innen, Verschwörungstheoretiker*innen, Esoteriker*innen nahe kommen. Lass uns solche Formulierungen bitte unbedingt vermeiden (auch da, wo sie inhaltlich richtig sein könnten!), wenn Du nicht willst, dass Du nachher als Künstlerin und/oder Privatperson verbrannt bist. Ich meine das einst. Ich will Dich schützen.

2. Grundsätzlich schön alles (Du weißt, ich liebe Deine Texte...!!), aber - und jetzt kommt ein dickes Lektorinnen-ABER - so wird das nicht funktionieren. Bitte nicht falsch verstehen: Ich als Privatperson finde es super, was Du machst. Als Verlagsmensch muss ich Dir leider sagen, dass ich das so als Buch nicht sehe. Das Vorwort könnte man - mit Abstrichen - so stehen lassen, wenngleich ich mich frage, warum Du diesen zornigen, anklagenden Ton anschlägst. Das nimmt mich als Leserin gar nicht mit. Da würde ich mir zartere Töne, vielleicht sogar in Richtung Melancholie wünschen. Aber geschenkt, das ist untergeordnet. Unser Problem ist vor allem Kapitel 1. Da gehen ganze Passagen gar nicht (siehe Anmerkungen Textrand). Ich sag's mal ganz direkt: Kannst Du den politischen Kram nicht einfach weglassen und nur über Deine persönliche

Geschichte sprechen? Ganz einfach, ganz unprätentiös, ganz Du. Chronologisch, von Anfang an.
Kapitel 1: "Wie alles begann"

3. Rechtschreibung, Grammatik & Co. lasse ich mal unkorrigiert stehen, weil wir den Entwurf so ja eh nicht nehmen, gell? Nur so viel: Wie hältst Du es mit dem Gendern?

4. Noch was wegen Schwurbelalarm: Die Abkürzung "SA" ist selbstverständlich NICHT nazimäßig gemeint. Sollte eh klar sein, erwähne ich nur sicherheitshalber noch mal, damit das weder von Dir noch von irgend einer dritten Person falsch verstanden werden könnte. Dasselbe gilt auch für den Titelvorschlag "Mein Kampf gegen den Feind in mir". Falls Du den Titel gut findest, sollten wir rechtzeitig daran denken, den Kontext des Titels mittels Fußnote zu erklären, damit wir da keine Schwierigkeiten bekommen.

Ansonsten alles prima, bleib dran und weiterhin gute Besserung ☺!

Ganz liebe Grüße

Gabi

## Kapitel 1
# Wie alles begann

*Definitiv falsch. Die Welt geht seit dem 9.11.1989 den Bach runter. Da weerst Ru 15.06 da irgendn Zusammenhang besteht, musst Du selber wissen. ☺*

Es begann damit, dass ich mein neues Programm „Abschiedstour" nannte. Das hätte ich nicht tun sollen. Ich bin fest davon überzeugt, dass die Welt seither den sprichwörtlichen Bach heruntergeht. Es sollte ein Witz sein. Ich wollte damit die Betriebsklugheit von Künstlern aufs Korn nehmen, die in bewusster oder unbewusster Verinnerlichung der kapitalistischen Verwertungslogik ihre Fans gewollt oder ungewollt verarschen, ihnen eine letzte große tränenreiche, ausverkaufte Abschiedsrunde bieten, um dann in zeitlich angemessenem Abstand (nicht allzu kurz wegen der Glaubwürdigkeit, aber auch nicht allzu lang, sonst verdient man in der Zeit ja nichts und verliert eventuell auch an Popularität) wie Phönix aus der Asche zu steigen und mit einer weiteren großen ausverkauften Tour „neu" durchzustarten.

Konsequenterweise sollte mein nächstes Programm dann auch „Comeback" heißen und nahtlos an die „Abschiedstour" anschließen. Der Aufmacher: „Christine Prayon war gar nicht weg und kommt trotzdem wieder. Wie geil ist das denn?"

Was dann folgte, war ein tatsächlicher und unfreiwilliger Abschied nach dem anderen: Ein halbes Jahr nach der Premiere kam der erste Lockdown. Bekanntermaßen blieb es nicht bei dem einen, und so fand in den folgenden zwei Jahren lediglich ein Drittel der ursprünglich geplanten Vorstellungen statt. Ich hatte sozusagen immer wieder aufs Neue Premiere. Ob staatlich verordneter Lockdown oder von den Zuschauern sich selbst verordnete Theaterabstinenz aus Angst vor

Ansteckung oder aus Unlust, Maske tragen zu müssen, oder aus schlechter Erfahrung mit der Rückgabe von Eintrittskarten – es gab viele Gründe für das Absagen zahlreicher Gastspiele, und es gab monatelange Pausen zwischen einzelnen Kurzzeit-Episoden meist schlecht besuchter Vorstellungen. Auch von der gewohnten Atmosphäre eines Theaterabends musste ich mich verabschieden. Es kam einfach keine Stimmung auf, und mit Stimmung meine ich nicht „Party", sondern den spürbaren, hörbaren, sichtbaren Austausch zwischen Künstler und Publikum, der an so einem Abend passiert, wenn man nah beieinander ist, und den Unterschied zwischen konzentrierter und feindseliger Stille, zwischen befreitem und demonstrativem Lachen, zwischen gelangweiltem, gespanntem und genervtem Atmen mitbekommt.

In dieser Zeit, von der man nicht wissen konnte, wie lange sie dauern würde und wie viel Ausnahmezustand nach dem offiziell beendeten Ausnahmezustand dann noch bleiben würde, wanderten viele Künstler ins Internet ab. Ein verständlicher, aber irgendwie auch entwürdigender Vorgang. Nicht umsonst gibt es Bühnen und Theaterräume; das sind Orte mit Überschriften, mit unausgesprochenen Verabredungen und gewachsenen kulturellen Gepflogenheiten, Traditionen und Regeln zwischen dem, der oben steht, und denen, die unten sitzen (oder während der Pandemie eher zwischen dem, der oben steht, und dem, der unten sitzt, har har.)

Großartig! Bitte mehr von solchen Sätzen.

Eine Bühne ist für das Wort wie ein Bilderrahmen für das Gemälde. Sie lenkt den Fokus auf das, was in dem Moment der Darbietung wichtig ist, und sie macht das Gesagte auch wertvoll. Auf die Bühne darf nicht Jede*r. Auf der Bühne findet in der Regel (Ausnahmen bestätigen die Regel) nur das statt, was auf die Bühne gehört, was und wer mit Bedacht ausgewählt und vorbereitet wurde. Eine Bühne ist wie ein Filter. Diesen Filter gibt es im Internet nicht. Das Internet ist die Bühne für alle. Und genauso lässt sich „Kunst" aus dem Internet auch konsumieren: nebenbei, mit oder ohne Aufmerksamkeit, mit oder ohne Zeit. Ich kann jederzeit unter- oder abbrechen. Und dann ist da noch dieser sehr subjektive Aspekt, dass ich Künstler und Künstlerinnen, die ich sehr schätze, gar nicht in ihren privaten vier Wänden sehen möchte. Es macht mich traurig. Der Rahmen fehlt und das Gesagte

wird kleiner, wenn ich mir zeitgleich unfreiwillig Gedanken über den privaten So-
fageschmack des Künstlers machen muss, weil sein Wohnzimmer nun halt leider
auch seine Bühne ist.

Natürlich habe ich auch überlegt, mein Programm abzufilmen und auf irgendeiner
Plattform feilzubieten, aber sowohl das Bezahltwerden auf Spendenbasis als auch
jenes im Abosystem mit selbstironisch-fluffig-kumpelhaftem, dabei aber eigentlich nur zutiefst neoliberalem Geschäftsjargon („Mit 3 Euro zahlst Du meinen
morgendlichen Kaffee, ohne den ich nichts zu Papier bringe :-)", „Mit 50 Euro bist
Du mein Held und ich schließe Dich in meine Gebete ein :-):-)♥♥") fühlte sich
nach einer besonders demütigenden und würdelosen Form der Selbstausbeutung
und insofern vollkommen falsch an.

*(Gabi, kannst Du Dich an die Szene „My actor" erinnern, die ich vor fünf Jahren zum
Thema „Selbstausbeutung" geschrieben habe? Ich schicke sie Dir hier noch mal mit.
Vielleicht kann man die irgendwie noch an der Stelle einbauen, sprich verwursten.)*

Ich entschied mich für eine andere Plattform, eine andere Bühne. Ich zog mit meiner „Abschiedstour" um und zwar zwischen zwei Buchdeckel. Das erschien mir
angemessen, wenn auch nicht gerade lukrativ, aber das Geldverdienen hatte ich
mir ja bereits in den Wochen nach dem ersten Lockdown abgewöhnt. Wenn die
Leute mich fragen, wie ich das eigentlich finanziell alles geregelt kriege, sage ich
nun immer: „Sehr gut. Wenn ich schon kein Geld verdiene, gebe ich wenigstens
welches aus." Eine Pointe ist das Mittel meiner Wahl, wenn ich mir weitere Fragen
ersparen möchte.

Nun also mein erstes Buch, welches am 14. Februar 2022 erschien. Zehn Tage später griff die russische Armee auf ganzer Front die Ukraine an – ein offener Krieg
in Europa – und damit waren nahezu sämtliche Bücher, die in dem Zeitraum er-
schienen und keine Putin-Biografien waren (also auch mein Buch), quasi für die
Tonne. Wieder ein Abschied. Ich hatte kurz überlegt, die erste Auflage einstampfen
zu lassen und dasselbe Buch unter dem Titel „Kein Buch über Putin" neu heraus-

zubringen, um den Verkauf zu befördern. Dieser Vorschlag wurde jedoch verlagsseitig abgelehnt.

Unmittelbar vor dem Erscheinungstermin infizierte ich mich zum ersten Mal mit Corona. Man spricht ja gemeinhin von einem milden Verlauf, wenn man nicht beatmet werden musste. Ich hatte also einen milden Verlauf. Ich hatte Schnupfen, Husten, Heiserkeit, Schwindel, Muskelzittern, Schlafstörungen, war schwach und abgeschlagen und habe am sechsten Tag infolge einer Kreislaufdysregulation Besuch vom Rettungssanitäter bekommen. Am zehnten Tag war ich offiziell genesen, aber nicht gesund. In den darauffolgenden Wochen gaben sich die unterschiedlichsten Symptome die Klinke in die Hand: erst Fatigue, Muskelschwäche, Schwindel, dann ein Druck und Engegefühl in der Brust, verbunden mit erschwertem Luftholen. Neben all dem immer das Herz. Herzklopfen, Herzstiche, Herzstolpern und so ein Gefühl, als wollte sich mein Herz hinlegen, so eine Art Schwäche am Herzen oder in der Herzgegend.

Das mit dem Herzen war übrigens nicht neu. Es war bereits neun Tage nach der ersten Impfung mit Comirnaty (BionTech) im Oktober 2021 aufgetaucht. Ich war damals aus Angst vor einem Herzinfarkt in die Notaufnahme gefahren und dort und im Anschluss auch in der dortigen Kardiologie durchgecheckt worden. Befund: alles „in Ordnung".

Vier Wochen nach der Infektion war ich es leid, immer noch Herzbeschwerden zu haben und von zehn Kardiologen in der Stadt auf Anfrage nach einem Termin nur zu hören: „Sorry, wir haben Aufnahmestopp." oder „Ich könnte Ihnen einen Termin in drei Monaten anbieten." Ich suchte mir im Internet einen Privatarzt heraus, bei dem ich als Selbstzahlerin gleich am nächsten Tag einen Termin bekam. Da wir immer noch Kapitalismus haben, klappte das super. Diagnose: Perikarderguss. Der Spaß hat mich rund 250 Euro gekostet, aber mit dieser Diagnose erhielt ich auch als schnöde Kassenpatientin plötzlich sehr schnell einen Folgetermin in der kardiologischen Abteilung des hiesigen städtischen Krankenhauses, in der die weiteren Kontrollen mit EKG, Sonografie und abschließendem MRT durchgeführt wurden. Zwei Monate später war der Perikarderguss auf einen Perikardsaum geschrumpft und mein Herz galt wieder als belastbar.

Wenn Du das ernsthaft musst Du aber auch sagen, warum. Wir haben Dir davon abgeraten, weil zeitgleich bereits eine Helene-Fischer-Biographie, 20 Kochbücher, 3 Sexualratgeber und der neue Roman von Juli Zeh unter diesem Titel nachgedruckt worden waren.

SA

Während dieser Zeit begann aber auch wegen der anderen Symptome ein Ärzte-Marathon. Der eine schickte mich zum anderen. Jetzt sollte erst mal alles Mögliche ausgeschlossen werden. Nach zahlreichen Untersuchungen nicht nur beim Kardiologen, sondern auch bei HNO-Ärzten („Bevor Sie das mit dem Schwindel neurologisch abklären lassen, checken Sie erst mal Ihre Ohren!"), Gynäkologen („Wollen wir mal auf Chlamydien testen? Kostet nur 50 Euro."), Allgemeinmedizinern („Vielleicht doch Vitamin-D-Mangel?") und natürlich auch den unvermeidlichen Psychiatern, denn wenn alle mit ihrem Latein am Ende sind, bleiben nur noch die Diagnosen „psychosomatische Störung", „Anpassungsstörung", „Depression" oder „Angststörung", von denen man sicherlich nach der ganzen – pardon – Scheiße nicht mehr weit entfernt ist, logo, wie denn auch anders, aber dies ist natürlich nicht die URSACHE des Problems, verdammt noch mal, kann mich endlich mal jemand ernst nehmen???? Pssssst … ganz ruhig … ziehen Sie sich jetzt bitte mal diese weiße Jacke an und kommen Sie mit …

Tschuldigung, kurze Konzentrationsstörung. Wo war ich stehen geblieben?

Nach all diesen Untersuchungen also, nach dieser monatelangen Ausschließeritis konnte vor allem eins ausgeschlossen werden: dass mir geholfen wird.

Ich machte in diesen Monaten die Erfahrung, dass letztendlich Ruhe und die Abwesenheit von Stress mir am besten halfen. Dies ließ sich nicht nur durch Schlaf, Bücher und Kamillentee bewerkstelligen, sondern vor allem durch die Mithilfe von Familie und Freunden, deren Unterstützung in Haushalt und Kinderbetreuung und, last but not least, auch durch kleinere und größere Geldspenden. Das monate- oder gar jahrelange Ausbleiben der Gage ist bei Freiberufler\*innen nun mal der Super-GAU beziehungsweise kann es in einem solchen enden.

*(Gabi, weil Du mal nach dem Gendern fragtest und sicherlich die Inkonsequenz monieren wirst, mit der ich das hier handhabe: Ich bin in der Sache unsicher und unentschieden. Ich denke, es hängt von Kontext, Absicht und Art des Redens ab, ob und wann das Gendern passt. Ein Sachbuch ist auch nochmal was anderes als ein Theaterstück oder Belletristik. Ich will die Wichtigkeit der Identitätsfrage gar nicht kleinreden. Manchmal ist mir aber beim Generalisieren einer Gruppe (z. B. Künst-*

*lern) gerade wichtig, dass die Identitätsfrage sich nicht mittels Gendersternchen zum Mit-Thema macht. Da soll die Aufmerksamkeit eben nicht auf geschlechtliche oder sexuelle Identität, sondern in dem Fall auf den Berufsstand gelenkt werden. Könnte man statt des generischen Maskulinums nicht irgend ein nicht-geschlechtliches generisches Dingsbums erfinden? So was wie z. B. „Künstli" statt „Künstler" oder so? Und die Geschlechtlichkeit von Artikeln ganz weglassen. Nur ein Artikel für alle. Wie im Englischen. Vielleicht statt der/die/das einfach nur „do". Do Baum, do Gabel, do Künstli.)*

Zum Sommer hin besserte sich mein Zustand immer mehr, sodass ich zuversichtlich war, zum Saisonstart im September 2022 wieder mit der „Abschiedstour" loslegen zu können. Zwar tauchten immer wieder nach Phasen des relativen Wohlbefindens Symptome auf (Schmerzen im Brustbereich, Druck, Engegefühl, Muskelschwäche, Muskelzittern, Kribbeln und Piksen, Schlafstörungen, Erschöpfung), aber die Freude auf die bevorstehende Tour verdrängte Zipperlein und Zweifel.

Es gab also nach sieben Monaten krankheitsbedingter Bühnenabstinenz wieder einmal eine Premiere. Die Sorge, dass meine „Abschiedstour" inhaltlich nach all den Pausen an Aktualität verloren haben könnte, zerschlug sich schnell. Es zeigte sich sogar, dass mein Programm, in dem es um Utopien und die Frage, wie wir leben wollen, ging, mit jeder weiteren Krise an Aktualität und Brisanz eher noch gewann.

Dennoch kam es anders als erhofft: Was der Seele gut tat, war Gift für den Körper. Ich fühlte mich in den Tourtagen wie unter Strom und litt unter massiven Schlafstörungen. Nach sieben Vorstellungen und einer Fernsehaufzeichnung zerfiel ich in meine Einzelteile und sagte alle weiteren Termine für den Rest des Jahres ab.

Alte Symptome wie Herzschmerzen waren wiedergekommen, dazu neurologische Beschwerden in ungewohnter Form und Heftigkeit. Ich befand mich in einem Dauer-Unruhezustand. Mein Körper kribbelte überall. Ich fühlte mich fiebrig, ohne Fieber zu haben. So als ob ich permanent auf Adrenalin wäre und gleichzeitig in Watte gepackt. Tagsüber war das tolerierbar, wenn auch nicht angenehm. Nachts war es die Hölle, denn es ließ mich selten länger als zwei Stunden schlafen.

Was beunruhigenderweise hinzukam, war ein Mix an neuen Seltsamkeiten: heftige und anhaltende Schwindelanfälle und neben dem gewohnten Muskelzittern und -zucken auch ausgeprägte Missempfindungen vor allem in Händen und Beinen. Meine Beine fühlten sich mitunter so an wie nach einer langen Wanderung, schlapp und schwer, was nach einer langen Wanderung okay ist, nicht aber, wenn die Wanderung der Weg zwischen Küche, Bad und Bett ist. Taubheitsgefühle und ein Ziehen in den Gelenken begleiteten das Ganze. Ich tat das, was man in solchen Fällen tut und von dem man weiß, dass man es lassen sollte: Ich gab im Internet die Symptome in einer Suchmaschine ein und fand im Zusammenhang mit Long Covid und Long Impfung alles Mögliche über Autoimmunreaktionen und Begriffe wie „Guillain-Barré-Syndrom". Geben Sie es jetzt NICHT in die Suchmaschine Ihrer Wahl ein. Es macht keine Freude.

Ich musste ziemlich ernüchtert feststellen, dass dem herbeigesehnten Wiedereinstieg in den Berufsalltag eine Fehleinschätzung meinerseits zugrunde lag. Meine Erkrankung ist eine Langstrecke. Es ist nicht damit getan, die Sache ein paar Wochen oder meinetwegen auch Monate auszukurieren. Man ist offensichtlich auch nicht wieder okay, wenn man Phasen hat, in denen man sich okay fühlt. Der Mist steckt noch drin im Körper und wer weiß, wie lange. Manchmal kommen einzelne Symptome wieder, nachdem man ein oder zwei Wochen lang komplett symptomfrei war. Und manchmal hat man den Eindruck, dass es einem, abgesehen von kleinen Rückschlägen, insgesamt doch ganz langsam wieder besser geht. Und dann kommen die ganz großen Rückschläge. Ich glaube, das sind die beschissensten Tage, wenn ich – mich eigentlich längst über den Berg wähnend – den ganzen Berg wieder rückwärts herunterrolle und keine Ahnung habe, ob und wie ich da jemals wieder hochkomme. Diese Tage oder Nächte, in denen alles in einer Heftigkeit wiederkehrt, die es schon Monate lang nicht mehr gegeben hat: Herzschmerzen, Unruhe, Übersensibilität der Nerven, Schlaflosigkeit, Verzweiflung.

Und das ist meines Erachtens das Schlimmste an der ganzen Sache: Nicht, dass man krank ist und Schmerzen hat (schlimm genug), sondern dass einem keiner sagt, wie es mit einem weitergeht. Dass man das Gefühl hat, komplett allein zu sein und allein gelassen zu werden. Ich korrigiere: Dass man nicht nur das Gefühl hat, sondern TATSÄCHLICH sehr oft allein gelassen wird. Dass Ärzte oft die Hände heben und sagen: Darüber weiß man leider noch zu wenig, da kann ich nichts machen. Dass die Verlegenheitslösung der Allgemeinmediziner oft lautet: Nehmen Sie doch ein leichtes Antidepressivum. Und die Psychiaterin dann sagt: Na ja, bevor ich Ihnen Antidepressiva verschreibe, checken Sie doch erst mal, ob Ihre mentale Verfassung eventuell handfeste körperliche Ursachen hat. Dass es schon kaum möglich ist, eine angemessene Therapie als Long-Covid-Patientin zu bekommen. Wenn man dann aber erwähnt, dass man einige der Symptome bereits nach der Impfung und nicht erst nach der Infektion hatte, schließen sich in der Regel auch die wenigen restlichen Türen, die noch offen zu stehen schienen. Als Impfgeschädigte*r hat man eine Krankheit, die es offiziell nicht gibt. Zu dem gesundheitlichen Schaden gesellt sich also noch die gesellschaftliche Tabuisierung des Problems. Die Impfung darf kein Fehler gewesen sein. Wenn sich herausstellt, dass eine nicht unbeträchtliche Anzahl von Menschen tatsächlich aufgrund der verabreichten mRNA- oder Vektorimpfstoffe mit mehr oder weniger heftigen Nebenwirkungen zu kämpfen hat, dann wirft das natürlich bezüglich der Pandemiepolitik der vergangenen Jahre große Fragen auf. Auch könnten die so Geschädigten die Regierung auf Schadenersatz verklagen oder Anspruch auf teure Therapien geltend machen. Dass die Politik das unbedingt vermeiden möchte, versteht sich wohl von selbst. Und so werden nach wie vor mantraartig Nutzen und Segen der Impfung wiederholt, es werden zig Millionen in neue Impfkampagnen gesteckt (statt zum Beispiel in die Forschung zu Long Covid und Post Vac), es wird bei all den Berichten und Artikeln über Impfgeschädigte immer hinzugefügt, dass es sich ja hier nur um sehr bedauerliche Ausnahmen handele, denn natürlich sei das Impfen für die überwältigende Mehrheit von großem Nutzen. Die Propaganda diesbezüglich ist für mich mit meiner Geschichte mittlerweile in einem Maße unerträglich, dass ich

Nee, Gabi, lass gut sein. Das wird nichts. Ich mache doch lieber die Frauenroman-Parodie.

Huch! Wieso??

Ich kann das nicht. Ich habe keine Lust auf Opferbericht.

Aber Du bist doch ein Opfer. Was ist so schlimm daran, ein Opfer zu sein?

Ein Opfer kann auf die Empathie seiner Zuhörer hoffen. Ich erwarte hier aber eher einen Shitstorm.

Kurt Krömer hat seinerzeit sehr viel Zuspruch bekommen.

Depressionen sind ja auch kein Politikum. Außerdem bin ich nicht Kurt Krömer.

Du, Dein Ansatz war doch schon super. Schreib doch mehr so tagebuchartig, was Dir passiert ist und vor allem: WIE Du DICH DABEI GEFÜHLT HAST! Das ist authentisch, das lieben die Leser*innen. Lass halt das Grundsätzliche weg, das gibt nur Ärger. Weiße diese politische Meta-Ebene ... A propos Meta-Ebene. Mir ist das jetzt bissl zu viel Meta-Ebene, was wir hier machen. Dass Du in dem Entwurf, den Du mir schickst, auf meine erst nachträglich hinzugefügten Kommentare schon im Voraus schriftlich reagierst, so als ob Du bereits in Deinem Entwurf antizipieren würdest, was genau ich daran kritisieren werde. Das kannst Du ja in echt gar nicht.

Doch, kann ich. Ich wusste genau, was Du sagen wirst.

Gut, aber Du konntest ja schlecht vorher wissen, welcher Dialog
sich daraus …

Doch, konnte ich. Siehste doch. Steht ja hier alles. Und gleich beendest Du den
Dialog mit den Worten „Überleg's Dir".

Du, ich will mich gar nicht mit Dir streiten. Ich möchte
Dich nur ermutigen, an Deiner ganz persönlichen Geschichte
dranzubleiben, Deine Verletzlichkeit zuzulassen, vielleicht
auch mal Deine – sorry – Künstlereitelkeit ein wenig zur
Seite zu schieben. Nicht bös gemeint, weißt Du aber, ne?
Überleg's Dir.

# My Actor

A: Sie sind selber Schauspielerin gewesen und haben den Beruf an den Nagel gehängt. Warum?

B: Na ja, die Arbeitsbedingungen am Theater waren einfach nicht mehr zumutbar. Unbezahlte Überstunden, Mini-Gagen, ständige Verfügbarkeit, sexuelle Belästigung durch chauvinistische Gast-Regisseure und extrem schlechter Kaffee in der Kantine.

A: Sie haben diese Missstände damals öffentlich gemacht. Wir erinnern uns an Ihre Kampagne #scheißberuf. Sie haben die prekären Arbeitsverhältnisse und die doch teilweise würdelose Behandlung von Schauspieler*innen angeprangert und damit einiges verändert, oder? Das hat doch ziemlich Wellen geschlagen damals.

B: Ja. Wir haben so'ne Theater-Ampel für alle deutschen Stadt- und Staatstheater eingeführt, die den Zuschauer über die Zutaten des Theaters informiert, also grün für artgerechte Haltung von Schauspielern, rot für die 70-Stunden-Woche und so. Das Ganze haben wir in so'ner Aktion mit Transparenten und Buttons vorm Theater Baden-Baden beworben. Wir hatten da so'n Stück weit darauf spekuliert, dass die Leute dadurch anfangen, die Theater zu boykottieren, so wie Starbucks oder McDonalds oder Primark.

A: Und Sie hatten damit ja auch wahnsinnig Erfolg, oder? Das hat bei den Leuten ja eine unglaubliche Bewusstseinsveränderung hervorgerufen.

B: Ja ... Sagen wir mal so: Es gab schon krasses Feedback: Eine Zuschauerin sagte: „Ach sieh mal an. Das ist ja dann immer noch wie bei den Gauklern damals im Mittelalter. Wie romantisch!". Ein anderer Zuschauer meinte: „Gut, dass die Schauspieler so'n existenziellen Druck haben! Nur so kann echte Kunst entstehen! Weiter so!" Und ein Zuschauer war ganz radikal: Der ist nur noch unter Protest ins Theater gegangen. Also mit einem lachenden und einem weinenden Auge.

A: Sie selbst sind jetzt in einer ganz anderen Branche tätig und haben diesen existenziellen Druck nicht mehr.

B: Richtig. Ich mache Kabarett. Das heißt, ich kritisiere den Kapitalismus und kann davon wunderbar leben.

A: Aber das Thema „prekäre Arbeitsbedingungen am Theater" hat Sie nicht losgelassen und Sie nutzen nun Ihre Prominenz und Ihre gesicherte Stellung, um mit einer neuen Aktion darauf aufmerksam zu machen, richtig?

B: Richtig. Ich habe die Aktion „My Actor" ins Leben gerufen. Jeder Zuschauer hat die Möglichkeit, mit einem kleinen monatlichen Betrag die Patenschaft für einen Schauspieler zu übernehmen. Fünf Euro können da schon helfen, das ist zum Beispiel der eine Latte Macchiato im Monat, den sich ein Schauspieler dann auch mal im Stadtcafé in seiner Pause leisten kann. Nehmen wir mal das Gretchen von der Landesbühne Esslingen. Da kann jetzt der Herr Häberle, der sich hier so gerne am Wochenende was anschaut, hergehen und sagen: „So, ich will jetzt der Pate von dem Gretchen sein und unterstütze es mit, sagen wir mal zehn Euro im Monat." Dann bekommt der Herr Häberle so'n schicken Ausweis mit 'nem Bild von seinem Patenkind mit so ganz großen traurigen Augen und da stehen auch die ganzen persönlichen Daten von dem Gretchen drin, also Adresse, Telefonnummer, Geburtsdatum, Körbchengröße und so weiter, damit der Herr Häberle auch persönlich Kontakt aufnehmen kann, mal auf'n Kaffee vorbei, sich erkundigen, wie's so läuft. Im Gegenzug schickt das Gretchen einmal monatlich einen Brief, wo es Danke sagt und ein bisschen was von seinem Alltag erzählt und wie die zehn Euro mehr im Monat ihm helfen, die existenziellen Sorgen so'n bisschen abzufedern.

A: Ich muss jetzt mal so naiv fragen: Was hat denn der Herr Häberle von so einer Patenschaft?

B: Na ja, in erster Linie natürlich den ethischen Gewinn, ne. Also, er hilft benachteiligten, finanziell behinderten Menschen und füllt damit natürlich auch sein eigenes humanes Gewissenskonto auf. Dann kommt dazu der ganz private Nutzen, denn so'ne Patenschaft ist ja keine reine Zahlengeschichte, sondern da geht's ja um Menschen, ne, und da besteht natürlich immer die Möglichkeit, dass auch eine gewisse Nähe äh … im Preis mit drin … Und jetzt kommt aber der dritte Punkt und das ist der eigentliche Point of Interest: Mit jeder Patenschaft erwerben Sie auch Mitspracherechte in Sachen Spielplan, Besetzung et cetera pp. Das heißt, Sie können das Theater Ihrer Wahl, wo Sie bisher viel-leicht einfach nur Zuschauer waren, ab sofort aktiv mitgestalten. Das geht zwar nicht mit einer Basic-Patenschaft von fünf Euro im Monat, aber wenn Sie Ex-clusive Member sind (da liegen Sie bei 50 Euro im Monat), damit erwerben Sie schon erhebliche Zugriffsrechte auf Ihr Theater und Ihren ganz persönlichen Schauspieler.

A: Aha. Spannend. Nun gibt es Kritiker*innen, die Ihnen vorwerfen, „My Actor" sei keine wohltätige Aktion, die Schauspieler*innen in Not hilft, sondern ei-gentlich ein ziemlich   perfides Geschäftsmodell, ein Unternehmen, dessen Ge-schäftsführerin – Sie – eine neue Form der Ausbeutung der Schauspieler*innen gefunden hat …

B: Ja, das ist natürlich ein berechtigter Einwand, aber völliger Käse. Schauen Sie, diese Patenschaft ist ja eine Win-win-Stituation für alle Beteiligten. Ich kenne keinen einzigen Fall, wo sich ein Schauspieler darüber beschwert hätte. Im Gegenteil: Mir begegnen die Schauspieler alle sehr freundlich und dankbar.

A: Ja … gut … Ihnen gehören ja sozusagen mit Ihrer Firma mittlerweile etwa 80 Prozent der deutschen Schauspieler*innen. Da ist Widerstand natürlich so ’ne Sache.

B: Sehen Sie, es ist zynisch, mir Ausbeutung und persönliche Bereicherung vor-zuwerfen und gleichzeitig die bisherigen prekären Arbeitsverhältnisse anzu-prangern, die ich mit meiner Methode beseitige. Bieten Sie den Leuten etwas anderes, etwas Besseres an und ich bin sofort bei Ihnen.

A: Na ja, es wird ja darüber diskutiert, ob nicht das System generell in Frage ge-stellt werden müsste …

B: Moment, sind Sie die Kabarettistin oder ich? Die Systemfrage sollten Sie schon denen überlassen, die was davon verstehen.

A: Entschuldigung.

B: Passt schon.

Berlin, 23.12.2022

Liebe Gabi,

tut mir leid, dass ich so lange nichts von mir habe hören lassen, aber erst hatte ich einen viertägigen Ausfall mit Rückkehr meiner Lieblingssymptome (Herz, Schwindel, Schlafstörungen), dann war das Kind krank, und in den letzten zwei Tagen habe ich mich verkrochen und in jeder freien Minute am Buch weitergebastelt (... ich hab alte Texte von 2004-2012 zusammengestellt und zwei neue Kapitel zur Einleitung geschrieben, ...). Kaum zu glauben, aber wahr! Ich habe mich so gefühlt, als könnte ich Bäume ausreißen (einzige Symptome: zuckendes linkes Bein, gelegentliche Stiche in der Brust und nur manchmal Wortfindungsstörungen, ~~sonst~~ SONST NICHTS ☺ !!!)

Und deshalb präsentiere ich Dir heute die ersten Seiten meines neuen Buches. Arbeitstitel: "Der Scarlett-Schlötemann-Zyklus". Das wird gut, ich spüre das.

Viel Spaß beim Lesen und Merry Christmas!

Claudine

PS: Schon gehört? Die Bundesregierung plant keine Hilfe für Post-Vac-Betroffene, weil es angeblich keinen Hinweis für einen kausalen Zusammenhang von Long-Covid-ähnlichen Symptomen nach einer Impfung geben soll. Das ist die Reaktion auf eine Kleine Anfrage von CDU/CSU. Zitat Regierung: "Es besteht keine Notwendigkeit zum politischen Handeln." Ich weiß gar nicht, was ich deprimierender finde: dass Impfgeschädigte gucken können, wo sie bleiben, oder dass die CDU jetzt unsere radikalste Opposition ist.

# Vorwort

Kaufen Sie dieses Buch bitte.
Sie müssen es nicht mögen, aber kaufen Sie es. Bitte.

Christine Prayon, Dezember 2022

# Kapitel 1

Es mag Ihnen unkonventionell erscheinen, aber dieses erste Kapitel ist nichts anderes als ein Vorwort.

Ich mache bewusst einen Absatz, um Ihrer Verblüffung ein wenig Raum zu geben und Ihnen einen kurzen Moment der Reflexion zu gönnen. Ein Vorwort? Moment, werden Sie nun sagen, es gibt doch bereits ein Vorwort, ich habe es doch gerade eben, man muss doch nur eine Seite zurück, verflixt, ich weiß es noch genau, es ging darum, dass man irgendetwas kaufen sollte, das war ein Vorwort, ganz sicher, und jetzt gleich ein zweites dazu, ich verstehe die Welt nicht mehr, dies scheint mir ein durch und durch außergewöhnliches Buch zu sein, ich muss mich da wohl auf einiges gefasst machen.

Lieber Leser, liebe Leserin, Ihre Furcht ist begründet: Die Lektüre dieses Buches wird Sie verstören, berühren, aufrütteln, verändern und zeitweise sogar langweilen. Wie sollte in Ihrem Leben alles bleiben, wie es ist, wenn schon in diesem Buch nichts ist, wie es scheint? Sie werden sagen, aber bitte, in einer Welt, in der die Dinge „Käse" oder „Demokratie" heißen und es längst nicht mehr sind, kann da nicht wenigstens ein Vorwort ein Vorwort bleiben? Muss die Autorin angesichts der Fassadenartigkeit der Dinge auch noch die Literatur aushöhlen? Ist denn auf nichts Verlass? Und wenn alles in Auflösung begriffen ist: Haben Künstler in solch schwierigen Zeiten nicht geradezu die Pflicht, uns vom Wesentlichen abzulenken, uns zu zerstreuen und Frohsinn zur Maxime ihres Schaffens zu – wie soll ich sagen – machen? Hat der Leser an seinem wohlverdienten Feierabend nicht ein Recht auf die Abwesenheit von Zweifeln? Schließlich heißt es Feierabend und nicht Zweifelabend.[1]

Sie haben Recht, lieber Leser, liebe Leserin. Aber Recht haben und Recht bekommen sind zwei Paar Schuhe. Diese Lektion musste auch ich einmal schmerzhaft lernen.[2]

Sie können von mir nicht erwarten, dass ich Sie ungeachtet der brutalen Verhältnisse, in denen wir leben, ungeachtet einer realkapitalistischen Gesellschaft, einer zunehmend brutalisierten, anonymen Nahrungskette, in der das gnadenlose Rollenspiel systemimmanente Überlebensstrategie ist, dass ich Sie also ungeachtet all dessen hier mit bunten Späßen und Fips-Faps-Lacherei unterhalte. Tun Sie mir das nicht an. Ich bin Künstlerin.

Worin läge der Wert meiner Worte, wenn sie nur wenig wögen? Wenn ich den Zweifel nicht säen, die Fragen nicht stellen, den Finger nicht in die Wunde legen dürfte? Eine Künstlerin söllte sich Künstlerin nicht nennen, wenn sie dem Ringen um Wahrheit, sagen wir mal, eine gute Tasse Kaffee vorzüge.[3]

---

1 Den Begriff „Zweifelabend" habe ich urheberrechtlich schützen lassen. Sollten Sie ihn in einem Gespräch, einem Brief oder einer SMS benutzen wollen, bitte ich Sie, pro Anwendung 0,99 € auf mein Konto bei der Stadtsparkasse Köln zu überweisen. Dies trifft auch auf die Begriffe „zweifelabendlich" und „Zweifelabendbier" zu.
2 Aber das ist eine andere Geschichte, die ich ein andermal erzähle.
3 Ich hätte statt der „Tasse Kaffee" als Beispiel auch einen Curcuma-Latte mit Erbsenmilch[4] wählen können, wenn es mir um eine schnelle Pointe gegangen wäre. Mir war hier aber etwas anderes wichtiger. Was, sage ich nicht.
4 Die unterschiedlichen Kaffeesorten bekannter Fast-Coffee-Läden haben ein ähnliches Humorpotenzial wie Politikerfrisuren, die Namen schwedischer Selbst-Zusammenbau-Regale und deutscher Prekariatskinder. Witze darüber erfreuen sich seit Jahren zu Recht großer Beliebtheit und werden noch auf unabsehbare Zeit Garanten für gute Stimmung sein. Ich plädiere für die Einführung einer Witzesteuer. Wir hätten damit im Handumdrehen unsere Staatsschulden wieder drin und könnten uns endlich das leidige Thema „Reichensteuer" sparen.

„Sind das die Blätter, die die Welt bedeuten?" soll Schiller ausgerufen haben, als man ihm das lukrative Angebot machte, eine tägliche Kolumne für ein gefragtes Onlinemagazin zu schreiben.[5] Schiller hatte Recht mit seiner Skepsis – auch wenn Recht haben und Recht bekommen zwei Paar Schuhe sind. Zyniker sagen, Kunst könne nur unterhalten, nicht verändern. Das ist falsch. Ich habe dieses Buch aus keinem geringeren Grund geschrieben als dem, damit die Welt zu retten.

Der aufmerksame Leser findet nun vielleicht seine Anfangsbefürchtung, er müsse sich hier wohl auf Einiges gefasst machen, bestätigt.

Ja. Richtig. Aber ganz blöd bin ich auch nicht. Schließlich habe ich das Buch nicht für die Schublade geschrieben. Sie bekommen Ihre heitere Lektüre, Ihren Feierabendroman, Ihr kulturelles Betthupferl und mehr als das: Dieses Buch wird Ihnen alle Bücher sein. Ratgeber, Bibel, Kampfschrift, Frauenroman, Anekdotensammlung, Bildband, Drama. Wie praktisch – Sie werden nie wieder ein anderes lesen müssen. Kurzum: Es besitzt alle Zutaten für einen Bestseller.[6] Sie haben damit das perfekte Geschenk für jeden Anlass! Formschön und mit einem an Inhaltsleere grenzenden Überangebot an Inhalten wird es ein willkommenes Accessoire für

---

5   Es ist bekannt, dass er dieses Angebot aus künstlerischen Gründen ablehnte.

6   Wobei es mir darum ausdrücklich nicht geht. Es ging mir immer nur darum, einen Best-Teller zu schreiben.[7]

7   Den Begriff „Best-Teller" (von engl. „to tell") habe ich urheberrechtlich schützen lassen. Zur Verwendung des Begriffs in privatem oder öffentlichem Schriftverkehr siehe oben unter „Zweifelabend". Hinweis: Ich habe viele Beschwerdebriefe erhalten, dass dieser Begriff im deutschen Sprachgebrauch längst allgemeingültig und kostenfrei erhältlich sei. Ich bitte um die genaue Unterscheidung zwischen dem deutschen Wort „Besteller" (= jemand, der etwas bestellt) und dem englischen Wort „Bestteller" (= jemand, der viel bessere Geschichten als alle anderen erzählt). Auf das deutsche Wort „Besteller" erhebe ich selbstverständlich keine Ansprüche. Es gehört Herrn Bleickard Langendorf aus Wesel. Bitte wenden Sie sich an ihn, wenn Sie der Meinung sind, es sei Volkseigentum. Ich befürchte nur, Sie werden aufgrund der aktuellen Wörterprivatisierungswelle wenig Aussicht auf Erfolg haben, denn Recht haben und Recht bekommen sind nun mal … Ich wiederhole mich.

die Gästetoilette Ihrer Liebsten sein. Den Zweifel, die Fragen, die Kritik, das Revolutionäre, Blasphemische, Verstörende habe ich rückwärts maskiert. Wundern Sie sich deshalb nicht, wenn an einigen Stellen Worte wie sumsilatipakssiehcs oder eihcranaeidebelse im Text vorkommen. Sie lassen sich mühelos als „Druckfehler" überlesen. So haben Sie den vollen Genuss eines geschmeidigen Schmökers. Die „bösen Stellen" bekommen Sie bei der Lektüre bewusst gar nicht mit und werden so auf sanfte und unaufdringliche Art und Weise von mir indoktriniert und politisch auf Linie gebracht. Sie bekommen quasi eine fertige politische Haltung geschenkt, sozusagen eine Haltung to go, während Sie gleichzeitig vom Arbeitsstress entspannen. „Dialektik light" nennt sich diese neue Form der ganzheitlichen Literatur.[8] Lehnen Sie sich zurück und genießen Sie.

---

8 Einige große Konzerne und Interessenverbände, darunter Vattenfall, die Grünen, der BND und die EZB wollten mir aufgrund eines Verlesers diese Idee der „Smooth Manipulation" abkaufen. Sie dachten, es hieße „Diktatur light". Ich habe abgelehnt, aus denselben Gründen wie Schiller (siehe oben).

# Kapitel 2

Was ist ein zweites Kapitel, wenn schon das erste kein erstes war? Also lassen wir das. Lassen wir den Unfug mit den Kapiteln. Das Buch verlangt sowieso nach einer ganz anderen Struktur, denn es handelt sich hier schließlich in erster Linie um meine Autobiografie.

Jetzt ist die Katze aus dem Sack. Ich verrate Ihnen mal etwas über diese Autobiografie. Als ich sie zum ersten Mal las, war ich erstaunt, wie oft ich mich darin wiederfand. Manche Momente rührten mich zutiefst, oft musste ich schmunzeln, dann und wann weinen.

Es fällt leicht, sich mit der Protagonistin zu identifizieren. Das liegt zum einen am humorvoll-eloquenten Stil der Autorin und zum anderen natürlich an der sympathischen Heldin der Geschichte, deren Liebesleid und Lust man teilt und deren sozialistisches Weltbild man ihr gerne verzeiht.

Ich kann Ihnen nur ans Herz legen weiterzulesen, denn diese Autobiografie wagt Ungewöhnliches. Herkömmliche Autobiografien enden meist dort, wo der Autor sich zum Zeitpunkt der Niederschrift gerade in seinem Leben befindet, also meistens ziemlich weit am Ende, wenn nicht mehr so viel zu erwarten ist, was weiß ich, im Alter von 62 am Starnberger See oder so.

Meine Autobiografie geht einen Schritt weiter. Dort, wo im konventionellen Sinne Schluss sein müsste, in der Gegenwart der Autorin, hört die Geschichte nicht auf. Auf Basis von Erfahrungen und Wahrscheinlichkeitsberechnungen wird die Autobiografie um den Zukunftsbereich, um das offensichtlich zu Erwartende bis hin zum Tod der Protagonistin erweitert. Sie kann damit als die einzige legitime Total-Autobiografie im deutschsprachigen Raum bezeichnet werden.[9]

Nun enthält meine Autobiografie durchaus Details, die nicht für die Öffentlichkeit bestimmt sind. Es gibt Geschichten und Dinge in meinem Leben, die niemanden

9  Es gab 1969 in Südindien den Versuch eines angehenden Yogalehrers namens Rüdiger Maheshvara Müller, eine Total-Autobiografie zu verfassen, die aber an dieser Reinkarnationssache scheiterte und deshalb nie abgeschlossen wurde.[10]

10 So. Schluss mit diesen kleinkarierten Fußnoten. Ein gutes Buch ist selbsterklärend und bedarf nicht fortlaufend der Kommentierung durch die Autorin.[11] Auch ist dies eine Form der Entmündigung des Lesers, der sehr wohl in der Lage ist, selber Zusammenhänge zu sehen, wo keine sind. Ein gutes Buch lässt Luft zwischen die Worte. Luft, die Raum für die ganz individuelle Interpretation durch den ureigensten Erfahrungsbackground jedes einzelnen Lesers schafft. Die Autorin darf diesen sensiblen Luftraum oder auch diese Raumluft, wie es im Fachjargon heißt, nicht durch allzu viele Erklärungen und Einschübe zerstören, denn so wie der Betrachtende das betrachtete Objekt verändert, gestaltet auch der Leser den von ihm rezipierten Text während der Lektüre durch das Lesen selbst mit, indem er ihm, dem Text, schon aufgrund seiner – des Lesers – ganz persönlichen, authentischen Individualität und einmaligen Sicht der Dinge zu mehr Wahrheit und zu mehr Wahrhaftigkeit verhilft. Dabei spielt es keine Rolle, ob wir es mit dem aufgeklärten, mündigen, kritischen Leser oder der weitaus verbreiteteren Spezies des satten, unterhaltungssüchtigen, pseudo-emanzipierten und durchmanipulierten Mittelschichts-Vollpfostens zu tun haben. Der Leser ist König und hat immer recht und das sage ich nicht, um imaginären Honig um imaginäre Bärte zu schmieren. Positioniert sich die Autorin zu eindeutig, könnte sie den bürgerlichen Teil ihrer Leserschaft verlieren. Ist es da nicht klüger, eine breite Masse zu erreichen, auch wenn dann so viel Luft zwischen die Worte passt, dass je nach Interpretation und Gemütslage des Lesenden links genauso gut rechts bedeuten und gut auch mal böse meinen könnte? Mehr Leser\*innenbeteiligung durch weniger Autor\*inneneinmischung wäre für mich ein wichtiger Schritt hin zu mehr Mehr. Ich hoffe, ich kann diesem Anspruch gerecht werden und Ihnen, lieber Leser, liebe Leserin, damit den nötigen Freiraum für noch mehr Selbstverstimmung geben.

11 Wichtige Erläuterungen zu dieser These finden Sie, wenn Sie unter der Fußnote 10 weiterlesen und sich nicht von weiteren Anmerkungen wie dieser unterbrechen lassen. Das hat auch was mit Mut zu tun, mal eine unkonventionelle Entscheidung zu treffen und nicht immer nur wie ein blödes Huhn dem Führer hinterherzulaufen.

etwas angehen. Das werden Sie verstehen, vor allem, wenn Sie selbst ein Leben haben. Ich habe aus diesem Grund hin und wieder Passagen gestrichen, gekürzt, den Wahrheitsgehalt angepasst, Unwichtiges bewahrt, Wichtiges vorenthalten, Fiktives in angemessenem Ausmaß hinzugefügt, Zahlen geschönt. Das ist ein ganz übliches Verfahren im Zusammenhang mit Autobiografien, Geschäftsberichten und Jahresbilanzen. Wenn Sie damit Probleme haben, hätten Sie das zu einem früheren Zeitpunkt sagen müssen, zum Beispiel als ich noch mit dem Verfassen der Autobiografie beschäftigt war. Jetzt kommt Ihr Protest leider zu spät, und die Publikation durch einen angesehenen Verlag zeigt ja auch, dass Art und Weise des Verfahrens so verkehrt nicht gewesen sein können.

Aus psychohygienischen Gründen wähle ich außerdem einen anderen Namen, das Psychonym Scarlett Schlötzmann, um die in der Autobiografie erwähnten Personen, insbesondere mich, zu schützen. Natürlich macht ein Psychonym auch etwas her, aber so gut sollten Sie mich mittlerweile kennen, dass „etwas her" nicht meine Kategorie ist und dass es etwas her ist, dass mich etwas, das „etwas her" macht, interessiert hat.

Gerhard Polt sagt: „Ein Mensch, der lebt, verdient keine Biografie. Eine Biografie ist etwas für jemanden, der tot ist." Ich habe Polt bisher für einen klugen Mann gehalten, aber das verstehe ich nun nicht. Diese Haltung ist vom wirtschaftlichen Standpunkt aus betrachtet völlig unverantwortlich. Wenn ich meine Biografie nicht schreibe, tut es doch ein anderer. Also.

# Scarlett Schlötzmann:
# Ihr Leben in Briefen und
# Dokumenten

## Kindheit und Jugend
## oder
## Am Anfang war der Hort

### Null bis sieben

Keine Babygeschichten. Keine Babyfotos. Ich verspreche es. Es gibt nichts Lang-
weiligeres. Was Eltern rührt, quält die Kinderlosen. Glauben Sie mir, es genügt,
wenn ich grob skizziere, wie Scarlett Schlötzmann zu Beginn ihres Lebens ausge-
sehen hat, nämlich so:

Sehr viel mehr Information würden Ihnen die zahlreichen „Baby auf Lammfell"-und „Baby in Badewanne"- und „Baby mit verschmiertem Mund"- Fotografien auch nicht bieten.

Scarlett muss, wenn man ihren Eltern Glauben schenken darf, ein hochbegabtes Kind gewesen sein, den Altersgenossinnen immer einen Schritt voraus. Interessant daran ist, dass diese Hochbegabung in späteren Jahren weder von Lehrern noch von Arbeitskollegen erkannt oder bestätigt wurde. Es ist also davon auszugehen, dass Scarlett in der Säuglings- und Kindphase eine herausragende Persönlichkeit gewesen sein muss und dass sich ihre eigentliche Mittelmäßigkeit, für die man sie zeitlebens liebte, erst mit den Jahren herauskristallisierte.

## Acht

*Scarletts erste Weihnachtspost:*

Libär Gott,

ich heise Scarlett unt wonne in Damstatt. Das ist gants in der Nehe von dir. Darum habe ich eine Pfrage: Mach bütte das main Brudar tot ist. Er heist Elvis. Es muss nich lange sein. Zon baschbiel bis weinachdn. Achja for weinachdn wünshe ich mia vom Playmobil Nr. 7355.

mit frontlüchn Grüsen

deine Scarlett

PS: Ich hab dir 13 fennich beigelekt. fals du mit Elvis den Bus nöem musst.

# Fünfzehn

*Bundesrepublikanische Adoleszenz in Tagebucheinträgen:*

Montag, 10. Mai
Liebes Tagebuch,
letzte Woche habe ich Dir doch vom Deisinger erzählt, meinem Mathelehrer. In der Zwischenzeit ist viel passiert. Ich hab doch erzählt, dass ich dem letztes Jahr zum ersten Mal meine Liebe gestanden habe. Da hat er ja damals gar nicht drauf reagiert. Aber keine Antwort ist auch ne Antwort – ich bin ja nicht blöd … Das war voll süß: Der hat immer weggeguckt, wenn ich ihn angesprochen habe. Im Unterricht hat er natürlich so getan, als wäre nichts. So voll ernst und neutral. „Fräulein Schlötzmann, kommen Sie für die Beweisführung bitte mal an die Tafel?" Mhm, Beweisführung … Als ob die anderen den Braten nicht schon längst gerochen hätten (mal abgesehen davon, dass Coco, Kasi, Steini, Schlotter, Wolle, Naddi, Sülo und der LK Geschi eh eingeweiht sind). Na gut, egal – dass er sich so verhält, hat es bis jetzt ja auch immer irgendwie spannend gemacht.

Bis jetzt.

Am Freitag hatte ich die Faxen dicke. Er muss sich ja nicht gleich meinen Namen auf die Stirn tätowieren lassen, aber genug ist genug. Ich hab ihm folgenden Brief ins Fach gelegt:

*Geliebter,*
*oder sollte ich vielleicht besser „Sehr geehrter Herr Deisinger" schreiben? Wie lang soll dieses Katz-und-Maus-Spiel noch gehen? Ich weiß, wie sehr Du mich willst, also bitte: Hör auf mit der Geheimnistuerei!*

*Das ist der letzte Brief, in dem ich Dich freundlich auffordere, Dich zu bekennen. Ich kann auch anders. Zwing mich bitte nicht, ungemütlich zu werden.*

*Werner, ich liebe Dich sehr. Du weißt, dass ich sterbe, wenn ich Dich verliere. Lass uns bitte wie zwei Erwachsene miteinander umgehen.*

*Für immer, Deine Scarlett*

*PS: Deine Tochter hat übrigens gestern mit dem Mike aus der 10 b rumgeknutscht. Ich weiß ja nicht, wie Du dazu stehst, aber wenn sie was mit Mike hat, ist sie wohl die längste Zeit Jungfrau gewesen. Ich wollt's nur sagen.*

Dienstag, 11. Mai

Heute hatten wir in der Fünften Mathe. Stell Dir vor, der Deisinger kam rein und hatte voll die Schatten unter den Augen. Irgendwie fand ich das voll niedlich – ich meine, er hat ja wegen mir kein Auge zugemacht. Liebes Tagebuch, ist das vielleicht ein Zeichen?

Mittwoch, 12. Mai

Liebes Tagebuch,

Halt Dich fest: Der Deisinger hat die Schule gewechselt! Dieses Arschloch! Was bildet der sich ein?? Glaubt der, dass ich jetzt sofort alles stehen und liegen lasse und ihm nachreise, oder was? Wie kann man so ein Ego haben? Für mich ist der gestorben.

Donnerstag, 13. Mai

Heute ist einfach absolut gar nichts passiert. Noch so ein Tag und ich glaube, ich sterbe vor Langeweile.

Ach übrigens, ich habe gesehen, wie Mama den Typ geküsst hat, bei dem sie immer zur Fußpflege ist. Ich versteh nicht, was sie an dem findet. Der sieht genauso aus wie Papa.

Freitag, 14. Mai

Liebes Tagebuch,

ich bin endlich wieder verliebt!!! Ich dachte schon, das passiert nie wieder. Sie heißt Tina und ist Eisverkäuferin. Oh Mann.

Samstag, 15. Mai
Liebes Tagebuch,
ich fass es nicht: Die blöde Kuh ist verheiratet!! Mit dem Italiener, dem der Eisladen gehört. Und der IST noch nicht mal Italiener, sondern Inder.

Sonntag, 16. Mai
Liebes Tagebuch,
ich glaube nicht mehr an die Liebe. Dafür bin ich schon zu oft enttäuscht worden. Ich will jetzt eher was mit Glauben machen. Die asiatischen Religionen sind meiner Ansicht nach viel authentischer als die deutschen Religionen, wie zum Beispiel Katholizismus oder Christentum. Zum Beispiel Feng-Shui. Das hat einfach mehr mit dem Menschen an sich zu tun und das finde ich extrem wichtig. Also das Menschsein.

Ach übrigens, liebes Tagebuch, ich kann in Zukunft nicht mehr so offen mit Dir reden. Ich habe heute Nacht gesehen, wie Mama Dich heimlich wieder in die Schublade gelegt hat.

Dienstag, 18. Mai
Liebes Scarlöttchen,
ich weiß nicht, wie Du auf die absurde Idee kommst, ich würde Dein Tagebuch lesen. Das kränkt mich und zeigt, wie sehr Du mir misstraust. Vielleicht setzen wir uns morgen nach der Schule mal zusammen und reden über Dein Verhalten.
Ich hab Dich trotzdem lieb

Mama

# Die junge Schlötzmann
# Stationen einer Künstlerkarriere

## Fünfundzwanzig

*Antwortschreiben auf Scarletts erste Bewerbung:*

Sehr geehrte Frau Schlötzmann,

vielen Dank für Ihre Bewerbung und das Interesse, das Sie damit unserem Haus entgegenbringen. Wie Sie ja wissen, suchen wir händeringend nach gut ausgebildeten Mitarbeitern für unsere Abteilung Challenge and Instruction Devices. Sie schreiben, dass Sie sich in Zukunft gerne mehr dem Bereich Buchführung widmen wollen, nachdem Sie jahrelang professionell im Sektor Tuchfühlung tätig waren. Zwecks Veranschaulichung Ihres Könnens haben Sie uns einige Videos mitgeschickt, unter anderem „Schneeflittchen und Dornmöschen" und den 90-Minüter „Anale Grande". Wir sichteten das Material in unserem Tagungsraum mit großem Interesse. Wir wissen langjährige Erfahrungen in dieser Sparte durchaus zu schätzen, weisen aber darauf hin, dass für unsere Abteilung Challenge and Instruction Devices auch andere Qualitäten von Vorteil sind, als da wären Basic Knowledge im Tasking-Bereich und Grundkenntnisse in den Kategorien Explore Facilities und Dumping Placement. Diese Fähigkeiten hätten wir gerne Ihrem Lebenslauf entnommen. Zu unserer Überraschung fanden wir jedoch nur ein leeres Blatt – Frau Blaschke von der Abteilung Art Directing klärte uns nach eingehender Prüfung des Papierbogens freundlicherweise darüber auf, dass Sie Ihren Lebenslauf mit Zaubertinte geschrieben haben.

Humor ist bei uns eine gern gesehene Eigenschaft, doch überschätzen Sie diese bitte nicht.

Um es kurz zu machen, Frau Schlötzmann: Wir suchen für besagte Position eine gutaussehende und tüchtige junge Frau. Aus diesem Grund müssen wir Ihnen leider eine Absage erteilen. Verstehen Sie uns bitte nicht falsch – wir halten Sie durchaus für tüchtig.

Hochachtungsvoll

K+K Holding – Zukunft durch Vertrauen

*Rezension im Feuilletonteil einer renommierten deutschen Tageszeitung:*
*Schlötzmann überzeugt durch Handwerk und atemberaubende Präsenz*

Gestern Abend fand im Erotik-Kino Ecke Pöllendorfstraße die Uraufführung des 90-Minüters „Anale Grande" statt. In Anwesenheit der Hauptdarsteller und des Regisseurs gab es im Anschluss an die Filmvorführung außerdem eine kleine Podiumsrunde, bei der es zu einem regen Austausch zwischen Künstlern und Publikum kam.

„Anale Grande" ist der vielversprechende Debütfilm des Nachwuchsregisseurs Milos Wanz. Wanz führt behutsam sämtliche Charaktere ein und sorgt mit einer klugen Sounddramaturgie für den notwendigen emotionalen Unterbau dieses wortkargen, wenn auch sehr fesselnden Dramas.

Besonders hervorzuheben ist hier sicherlich die beeindruckende Leistung Scarlett Schlötzmanns, die in ihrer uneitlen Interpretation der Hauptrolle Busen-Trixie vor allem durch expressive Gestik und Mimik besticht. Mit welcher Präzision sie auf dem Höhepunkt der Handlung nicht nur im Beckenbodenbereich, sondern auch hinsichtlich des stimmlichen Ausdrucks zu Topform aufläuft, zeugt von solidem Handwerk und lässt auf eine gute Schule schließen. Regisseur Wanz versteigt sich nach der Vorführung gar zu dem etwas deftigen Lob, die Schlötzmann sei eine „geniale Genitale".

Und man möchte ihm Recht geben: So ist es Schlötzmann zu verdanken, dass die bisweilen fadenscheinig konstruierten Szenen dennoch zu keinem Zeitpunkt kraft- oder saftlos wirken. Die Geschichte ist wie alle guten Geschichten im Prinzip einfach strukturiert:

Die arme Halbwaise Busen-Trixie *(Schlötzmann)* reist per Anhalter aus Niederbayern nach Venedig, um sich dort in einer Eisdiele ein paar Euro dazu zu verdienen. Da sie sich für die kostenlose Mitfahrgelegenheit erkenntlich zeigen möchte, beginnt sie auf einer Raststätte kurz vor Venedig mit dem muskulösen Autofahrer *(überzeugend: Henning Schrippke)* eine Beziehung, die dieser jedoch trotz des heftigen Feierabendverkehrs gleich wieder beendet und weiterfährt.

Wieder solo und nach wie vor arm heuert Busen-Trixie in einer Gelateria direkt am Canale Grande an. Diese gehört dem despotischen Gino Gigante *(etwas steif: Sönke Schmidt),* dem alle Eisdielen Italiens gehören. Er arbeitet Busen-Trixie nach Feierabend gründlich ein, und schon bald beherrscht die fleißige Schülerin ihre Handgriffe so gut wie die professionellen Eisverkäuferinnen in Ginos Laden.

Mit diesen versteht Busen-Trixie sich auf Anhieb sehr gut, es kommt zu spontanen Sympathiebekundungen auf dem Tresen der Eisdiele, was Gino Gigante allerdings beobachtet. Um einer Bestrafung oder gar Entlassung zu entgehen, bieten die Eisverkäuferinnen ihrem Chef einen Ausflug ins schöne Po-Delta an, woraufhin sich dieser versöhnlich zeigt.

Es kommt also zur finalen Orgie, in welcher Busen-Trixie beim Vollzug der Federhocke auf Ginos Gemächt einen Leberfleck entdeckt, der beweist, dass Gino Busen-Trixies verschollen geglaubter Vater ist. Die Wiedersehensfreude ist groß und wird alsbald vor der herrlichen Kulisse der Villa Bunga *(Szenenbild und Ausstattung: Silvia Werrus-Zonfried)* im allerengsten Familienkreis mit der rüstigen Großmutter *(erstaunlich gelenkig: Heidelore Remsch)* und deren verspieltem Schoßhündchen Bippo gebührend gefeiert.

So kommt es bei aller dem Film innewohnenden Dialektik zu einem erstaunlich widerspruchslosen Happy End, bei dem die Protagonistin nicht nur ihre Familien- sondern auch ihre finanziellen Probleme gelöst sieht. Als Tochter von Gino Gigante ist sie nun Teil der größten italienischen Eisdielendynastie, was Milos Wanz zwar nicht explizit ausspricht, aber in einer letzten Einstellung auf die mit einem Eishörnchen masturbierende Schlötzmann wunderbar ironisch versinnbildlicht.

„Anale Grande" ist ein Film der großen Gefühle. Regisseur Wanz gelingt es mit Liebe zum Detail, Momente von atemberaubender Intensität zu schaffen, etwa durch die Nahaufnahme einer überreifen Gurke oder einiger Liebestropfen auf Schlötzmanns Stirn. Es sind diese Momente, die den Zuschauer bisweilen vergessen lassen, dass es sich hier um reine Ficktion handelt. Die Ästhetik der Eindeutigkeit und die nahezu beängstigende Schlötzmannsche Authentizität führen zur Aufhebung der Illusion und damit zur gewollten Identifikation des Zuschauers mit der Protagonistin. Dessen Mitleiden und Mitlieben erzeugt letztendlich dieselbe Katharsis wie bei der Figur Busen-Trixie.

Fazit: Man muss „Anale Grande" nicht mit dem Verstand begreifen, um es zu lieben. Allein solch herrliche Sequenzen wie der anrührende, fast komische Versuch der beiden Handwerker, gleichzeitig in Busen-Trixie einzudringen, machen den 90-Minüter zu einem unvergesslichen Filmerlebnis.

Für Cineasten ein absolutes Nass.

## Neunundzwanzig

*Auszug aus Schlötzmanns literarischem Erstlingswerk (Genre: frecher Frauenroman):*

*Was bisher geschah: Lulu, Connie und Gitta sind beste Freundinnen. Sie haben nur ein Problem: Männer!*

Connie hatte es sich gerade gemütlich gemacht, da klingelte es Sturm. Oh nein! Ihre Gedanken rasten hintereinander her. Ob das Maik sein wird? Bitte nicht, dachte Connie mit einer plötzlichen Mischung aus Angst und Furcht, ich habe es mir doch gerade so gemütlich gemacht.

Aber es war nicht Maik. Es war Gitta. Das sah Connie, als sie mit ihrer großen Tasse Cappuccino con leche, mit der sie es sich eigentlich gerade auf dem Sofa hatte gemütlich machen wollen, auf leisen Zehenspitzen zur Tür heranschlich und leise durch den Türspion hindurchblickte. Puh, dachte Connie mit einer Mischung aus Erleichterung und Angstlosigkeit und öffnete die Tür.

„Oh Gott, ich bin so froh, dass du da bist! Ich dachte schon, du wärst nicht da!" Gitta rauschte mit einer Mischung aus Schnelligkeit und Verrücktheit an Connie vorbei ins Wohnzimmer, streifte die Manolo-Blahnik-High-Heels von ihren schmerzenden Füßen und warf sich auf das Sofa. „Oh Gott, wie gemütlich!", rief sie aus. „Ich hatte schon Angst, dass es nicht gemütlich ist bei dir."

Connie schmunzelte und musste innerlich denken, wie sehr sie ihre Freundin für ihre Spontaneität bewunderte.

„Süße, könntest du mir einen Cortado Lungo mit Ahornsirup machen? Dafür würde ich jetzt sterben!!", schnurrte Gitta mit all ihrer verführerischen Power, die sie zur Verfügung hatte.

„Was für eine Powerfrau!", dachte Connie erneut innerlich und antwortete schlagfertig: „Ahornsirup ist aus. Aber ich könnte dir Haselnusslikör reintun."

„Das wäre göttlich!", rief Gitta aus und massierte sich ihre Füße, die sehr weh taten nach dem langen Tag. Dabei fiel ihr schlagartig wie Schuppen von den Augen, dass sie noch gar nicht auf die Toilette gegangen war, obwohl sie sich das so fest vorgenommen hatte. Innerlich musste sie fast ein wenig schmunzeln über ihre liebenswerte chaotische Verpeiltheit, für die sie von ihren Freundinnen auch liebevoll „Chaos-Gitta" genannt wurde.

Sie überlegte, ob jetzt ein guter Zeitpunkt für die Klo-Aktion wäre, aber es sprach auch einiges dagegen. Sie hatte es sich ja auf dem Sofa schon so gemütlich gemacht! Gitta war innerlich hin- und hergerissen. Mit einer Mischung aus Entschiedenheit und Unentschiedenheit schwankte Gitta innerlich. Wie immer übertürmten sich in solchen Momenten die Ereignisse:

Connie kam mit dem Haselnuss-Cortado herein und fast gleichzeitig löste sich beim Massieren der Füße etwas Nagellack von Gittas kleinem rechten Zeh.

Wie immer in solchen Momenten brannte mit Gitta ihr überschäumendes Temperament und ihre quirlige Persönlichkeit durch. „Ach Shit!", rief sie spontan aus.

Connie verstand die Welt nicht mehr. Hatte sie einen Fehler verübt? Eine Träne rollte spontan über ihr Gesicht. Typisch Connie – ihre zartbesaiteten Seiten machten ihr immer wieder einen Strich durch die Rechnung und spielten mit ihrer sensiblen Persönlichkeit allzu oft emotionale Achterbahn.

Aber mit einer Mischung aus Trotz und Rebellhaftigkeit dachte Connie sich innerlich: Verdammt! Ich wollte es mir gemütlich machen!

Trotzig wischte sie sich die Träne aus dem Gesicht, wobei ihre Shiseido-Wimperntusche leicht verschmierte und ihre hübschen, kornblumenblauen Augen durch den leichten Schmierfilm etwas Trotziges bekamen.

Jetzt erst recht, dachte Connie sich innerlich und hob zum Zeichen ihres frechen Selbstbewusstseins, wie um es allen zu zeigen, ihr Kinn.


*Begleitschreiben für die Verlage:*

Sehr geehrte Damen und Herren,

anbei ein erster Ausschnitt meines Frauenromans, der Ihnen hoffentlich Lust auf mehr macht.

Hier bahnt sich ja schon einiges an, was im Verlauf des Romans noch zu weiteren Turbulenzen führt.

Grob umrissen geht es auf 250 Seiten um Liebe, Freundschaft und natürlich um Männer.

Bis zum Happy End (Doppelhochzeit auf Ibiza) durchleben und durchleiden unsere Heldinnen den ganz normalen Wahnsinn, den jede Frau kennt:

Das wöchentliche Intimwaxing beim Mädelsabend endet im Streit, als Gitta zum Venushügelvergleich auffordert. Connie verliert und muss eine Runde High Heels ausgeben. Während Gitta noch mit dem netten schwulen Schuhverkäufer über Männer lästert, kauft Connie sich geschwind ein neues Bindegewebe. Durch das Shoppen findet sie wieder zu sich selbst, was sie mit Gitta bei ein, zwei, zwölf Aperol Spritz feiert.

Die geheimnisvollste Figur des Romans ist mit Sicherheit Lulu, die dritte Freundin. Sie befindet sich während des gesamten Romans in Amerika. Was sie dort tut, wissen Connie und Gitta nicht. Sie versuchen einige Male, über das Internet mit ihr in Verbindung zu treten, was ihnen aber leider nicht gelingt, weil sie den Ein-Aus-Schalter des Computers nicht finden.

Sehr geehrte Damen und Herren, ich würde mich freuen, wenn diese ersten Seiten meines Materials Sie neugierig machen konnten. Gerne schicke ich Ihnen auf Anfrage das komplette Manuskript zu. Über Kritik, Fragen und Anregungen freue ich mich und verbleibe mit freundlichen Grüßen

Ihre Scarlett Schlötzmann

PS: Was die Vermarktung des Romans angeht, lasse ich durchaus mit mir über ein frauenromankompatibleres Pseudonym sprechen. Etwas Französisches vielleicht, was bei der modernen Leserin Paris-Flair konnotiert. Ich denke da an die Liebesroman-Autorin Mechthild Bäumer, die ja unter dem Pseudonym Fleur de Champagne sehr erfolgreich ist.
Wie wäre es mit „Christine Prayon"?

*Korrespondenz mit dem Verlag TimeGhost:*

Sehr geehrte Frau Schlötzmann,

haben Sie vielen Dank für die Einsendung Ihres Materials, welches wir Ihnen zu unserer Entlastung hiermit zurückschicken.

Ihre Geschichte hat uns gut gefallen. Ein frecher Frauenroman, witzige Dialoge, charmante Charaktere, griffiger Plot, sehr zeitgemäß, sehr sexy. Für ein Erstlingswerk beachtlich.

Unser Verlag ist der Zeit allerdings immer einen Step voraus. Wir setzen momentan nicht auf feministische Literatur. Der Neue Mann ist unser Topic. Starke Frauen sind sehr yesterday.

Wenn Sie schon über Pseudonyme nachdenken (by the way: „Christine Prayon" klingt ausgedacht und etwas billig), sollten Sie in Erwägung ziehen, als „Mann" einen frechen Männerroman zu schreiben. Holen Sie den modernen Mann dort ab, wo er heute steht: in einer frauendominierten, männerverachtenden Gesellschaft.
 Schenken Sie Ihren Figuren Liebe: dem intellektuellen Softie, der von Frauen zwangsgekuschelt wird, dem Großstadt-Papa, der unter dem Dinkel-Diktat seiner Ökofrau steht, dem raubeinigen Macho, der den Frauen das gibt, was sie – wenn wir ehrlich sind – bei aller Emanzipiertheit wirklich wollen.

Unser Verlag hat seit 25 Jahren einen Riecher für Zeitgeistiges – Sie können mir glauben, wenn ich sage, unsere Zukunft sind Männer.

Ihnen noch weiterhin viel Erfolg und nothing for ungood.

Miriam von Teckfurt
Lektorat TimeGhost-Verlag

+++

Sehr geehrtes Fräulein von Teckfurt,

vielen Dank für die prompte und ehrliche Rückmeldung. Ich gestehe, ich bin etwas ratlos.

Den Vorwurf, es handle sich bei meinem Roman um feministische Literatur, möchte ich entschieden zurückweisen. Ich lege viel Wert darauf, dass die in meinem Roman dargestellten Frauen weder emanzipiert noch ernst zu nehmen sind. Beim Ausarbeiten der Charaktere habe ich penibel darauf geachtet, möglichst viele Klischees zu bedienen und der Leserin damit zu suggerieren, Frauen seien so.

Ich verstehe meine Arbeit als Gesellschaftsauftrag. Das Zementieren bestimmter Rollenvorstellungen stützt das System, fördert den Konsum und kurbelt die Wirtschaft an. Angesichts dessen, was im Moment weltweit los ist, halte ich es für meine Pflicht, mein Talent für Ruhe und Stabilität im Inneren einzusetzen und wenn es nur die Unterhaltungsfront ist.

Nein, verehrtes Fräulein von Teckfurt, meinen Stil dürfen Sie kritisieren, fehlerhafte Orthografie und Grammatik monieren, aber Feminismus lasse ich mir nicht unterstellen.

Hätte ich tatsächlich emanzipierte Frauen dargestellt, wäre dieses Buch Sprengstoff gewesen. Die Heldinnen hätten diskutiert und nicht geklönt, Shoppen wäre kein Hobby, sondern lediglich das englische Wort für „einkaufen" und Intimwaxing wieder das, was es mal war: eine mittelalterliche Foltermethode.

Meine Heldinnen hätten nicht nur eine weibliche, sondern zudem eine menschliche Dimension bekommen. Das hätte schlimmstenfalls dazu geführt, dass sie erkannt hätten, dass das, was ihnen als weiblich verkauft wird, gar nicht weiblich ist, sondern nur Weibchen-Surrogat, das ihnen über sogenannte Frauenzeitschriften und Frauenromane und Frauenfilme eingetrichtert wird, damit ihre Welt sich immer in dem Spannungsfeld zwischen „Ich hab nichts anzuziehen", „Ich bin zu fett" und „Wo ist mein Traumprinz" bewegt und die kapitalistisch-patriarchale Weltordnung nicht gestört wird.

Meine Heldinnen hätten den Etikettenschwindel bemerkt, dass, wo Frau draufsteht, nicht Frau drin ist, sondern nur WIE Frau SEIN SOLLTE. Sie hätten sich gefragt: Cui bono? Eine gefährliche Frage in Zeiten wie diesen. Meine Heldinnen hätten ihre Barbies in die Ecke geworfen, hätten Räte gebildet und die Welt neu geordnet. Sie hätten herausgefunden, dass zum Beispiel Sex nur die Erfindung einiger alter, mächtiger Männer ist (unter anderen Napoleon, Julius Caesar, Gott und Ursula von der Leyen), um die fortpflanzungsbedingte Notwendigkeit der männlichen Existenz zu legitimieren und damit den Erhalt des Mannes in unserer Gesellschaft zu sichern.

Das ist natürlich eine Lüge. Die moderne Reproduktionsmedizin ist mittlerweile so weit, dass Sperma problemlos künstlich hergestellt werden kann (übrigens macht das die Firma, die auch den Analogkäse produziert). Damit kann sogar qualitativ hochwertigeres Humanmaterial erzeugt werden als durch den natürlichen Samen.

Wir könnten also theoretisch ab sofort auf Analogsperma umsteigen. Das macht den Mann mittelfristig überflüssig und er würde in, sagen wir, 150 Jahren evolutionsbedingt aussterben.

Damit wären natürlich sagenhafte Chancen verbunden, die nicht zuletzt zur Rettung unseres Planeten beitrügen: Wir könnten uns das immer wieder gerne bemühte Menetekel der Überbevölkerung sparen und damit das der knapper werdenden Ressourcen. Wenn nur noch fünfzig Prozent der Menschheit übrig blieben, wäre auch Arbeitslosigkeit kein Thema mehr. Frauen würden die frei werdenden Arbeitsplätze der Männer übernehmen und damit gleichzeitig das Thema Emanzipation erledigt haben. Zu guter Letzt bekäme man das Problem der Warteschlangen vor Frauenklos in den Griff, weil wir um über doppelt so viele Sanitäranlagen verfügen würden.

All dies würde den Protagonistinnen meines feministischen Oeuvres schlagartig klarwerden. Diesen Roman habe ich aber nicht geschrieben, und Sie, Fräulein von Teckfurt, und ich wissen sehr genau, warum:

Emanzipation ist schlimmer als Kommunismus. Sie gefährdet die bestehende Ordnung. Sie ist wie Unkraut bei der Bundesgartenschau, wie Tripper im Vatikan.

Stellen Sie sich vor, Fräulein von Teckfurt, Sie würden wirklich aufgeklärte, emanzipierte Literatur auf den Markt bringen. Stellen Sie sich nur einen Moment vor, die *Anita* oder *Petra* oder *Brigitte* würde ihre gesamte Leserschaft verlieren, weil Frauen sich nicht mehr für ihr Bindegewebe interessieren, sehr wohl aber dafür, ob in China gerade ein Sack Reis umfällt.

Wir hätten hier in Kürze revolutionäre Verhältnisse.

Ich bitte Sie deshalb, das Manuskript noch einmal zu lesen und darauf hin zu überprüfen, ob es sich nicht sogar dezidiert als maskulinistisches Werk verkaufen lässt. Zur besseren Vermarktung würde ich dann aber statt „Christine Prayon" das Pseudonym „Sky Dumont" verwenden.

Herzlich
Ihre Scarlett Schlötzmann


## Mittlere Reife


### Vierzig

*Brief eines ehemaligen Studienkollegen:*

Liebe Scarlett,

Du wirst Dich wohl kaum an mich erinnern.

Mein Name ist Andreas de Beukelaer. Ich wohne in Münster, bin alleinerziehender Vater und schlage mich mehr schlecht als recht mit gelegentlichen Jobs durch, seitdem ich damals das Romanistikstudium abgebrochen habe.

Ich habe lange überlegt, ob ich es Dir sagen soll, aber ich finde, Du hast ein Recht darauf, es zu erfahren: Du hast eine Tochter.

Sie heißt Mirjana, ist 19 Jahre alt und sieht aus wie Du. Sie weiß nicht, dass sie eine Mutter hat, aber sie kommt langsam in das Alter, wo sie Fragen stellt.

Bestimmt bist Du jetzt böse, dass ich Dir nie etwas davon gesagt habe und Du hättest auch allen Grund dazu. Aber ganz ehrlich: Ich hatte Angst davor. Du warst immer so schnell aufbrausend. Wenn ich Dir damals gesagt hätte, dass Du schwanger bist, hätte das nur Ärger gegeben.

Ich verstehe das ja auch. Du warst mit Dir beschäftigt, warst zerrissen: das Philosophie-Studium auf der einen, die Pornokarriere auf der anderen Seite. Haben oder Sein, das war Dein Dilemma. Weißt Du noch, wie Du gesagt hast: „Wenn man nicht lange sein kann, ohne was zu haben, aber durchaus lange was haben kann, ohne wer zu sein, dann hab ich lieber erst mal was und schau dann, ob ich noch wer bin."

Ist doch interessant, dass Deine Entscheidung für den Porno und gegen das Studium letztendlich durch eine philosophische Erkenntnis fiel.

Erinnerst Du Dich noch an den Tag, an dem Dir mitgeteilt wurde, Du hättest die Hauptrolle in „Anale Grande" bekommen? Du bist mit Freunden in die Kneipe gegangen, um das zu feiern und warst nachher sturzbetrunken. Als Deine Fruchtblase dort platzte, dachtest Du, es wäre das viele Bier. Ich erinnere mich gut daran, weil Deine Freunde damals ein Video davon ins Internet stellten.

Ich hätte mir sehr gewünscht, dass Du die Geburt Deiner Tochter mit mir zusammen bewusst erlebst. So fühlte ich mich dabei ziemlich alleingelassen.

Ich bin dann mit Mirjana erst mal wieder zu meinen Eltern gezogen, die mich in dieser schwierigen Anfangsphase ganz toll unterstützt haben, sowohl finanziell als auch moralisch. Heute stehe ich mit meinen vier Teilzeit-Jobs und der Kellnerei wieder auf eigenen Beinen.

Mirjana beginnt im September bei RTL eine Ausbildung zum Jurymitglied, wozu ich sie ermutigt habe. Es ist ein verantwortungsvoller Beruf und wenn sie ihre Sache gut macht, wer weiß, lernt sie dort ja vielleicht einen netten Produzenten oder Geschäftsführer kennen und ist aus dem Schneider. Ich würde es ihr wünschen. Sie ist ein tolles Mädchen und ich bin sehr stolz auf sie.

Vielleicht trefft Ihr beiden Euch mal? Ihr habt Euch sicherlich eine Menge zu erzählen.

Viele Grüße
Andreas


## Achtundvierzig

### Brief an einen guten Freund:

Hallo Rolf,

es tut mir leid, wenn ich Dich schon wieder mit meinem Kummer bedränge, aber ich bin wirklich völlig fertig mit den Nerven. Lies mal bitte den Brief hier von meinem Papa.

*Tochter,*

*mit Befremden stelle ich fest, dass Du scheinbar nichts aus Deinem Fehlverhalten der letzten Jahre gelernt hast. Deine Mutter und ich haben, seit Du klein warst, an der Bildung Deiner Herzenswärme gearbeitet. Nichts ist davon heute zu erkennen.*

*Ich möchte zur Klärung dieses Sachverhalts deutlicher werden:*
*Gestern Abend sahen Deine Mutter, Du und ich uns gemeinsam einen Tatort an. Ich hatte extra Käsegebäck bereitgestellt, weil ich mir einen netten, ruhigen Familienabend gewünscht hatte. Weder hast Du von dem Käsegebäck gegessen, noch wolltest Du nach Ende des Films auch nur eine Minute länger mit uns gemeinsam im Wohn-*

*zimmer sitzen bleiben. Du bist aufgestanden und sagtest: „Nacht, ich bin müde."*
*Dann bist Du in Dein Zimmer gegangen. Ohne ein Zeichen der Herzenswärme, die*
*ich bereits in Absatz 1 erwähnte.*

*Ich frage Dich: Ist es zu viel verlangt, Deiner Mutter und Deinem Vater vor dem*
*Ins-Bett-Gehen einen Kuss zu geben? Du sagst, Du bist 48 und erwachsen. Du seist –*
*ich darf Dich zitieren – „nicht mehr verpflichtet", dies zu tun.*

*Ja, Herrgott, ist Dir das denn eine so große Last? Für Euch junge Leute ist alles*
*immer so einfach. Ihr denkt nur an Euch. Wie verletzend Euer Verhalten Euren Mit-*
*menschen gegenüber ist, merkt Ihr gar nicht oder schlimmer noch, es ist Euch egal.*
*Ich erinnere nur an die Jahre, als Deine Mutter und ich eine schwere Ehekrise hatten*
*und Du und Dein Bruder tatenlos zugesehen habt, wie die Teller flogen. Heute recht-*
*fertigst Du Dich mit den Worten: „Ich war 12 und Elvis 8. Wie hätten wir denn helfen*
*können?" Meine liebe Tochter, wo ein Wille ist, ist auch ein Weg. Ich war damals*
*auch beruflich in einer schwierigen Phase – ich stand kurz vor der Beförderung zum*
*Brigadegeneral und hätte mir Eure Mitarbeit im Familienwesen sehr gewünscht.*

*Nun gut, legen wir das ad acta. Ich fasse hier noch einmal in Kürze die Regeln für*
*unsere Familiengemeinschaft zusammen:*

*Punkt I: Begrüßungen und Verabschiedungen*
*a) morgens nach dem Aufstehen: mit Kuss*
*b) beim Verlassen des Hauses: wahlweise mit oder ohne Kuss*
*c) abends vor dem Ins-Bett-Gehen: mit Kuss*

*Punkt II: Mahlzeiten*
*Mahlzeiten werden grundsätzlich gemeinsam und gut gelaunt eingenommen.*

*Punkt III: Bekanntschaften*
*a) Freunde und Bekannte sind herzlich willkommen, solange die Ruhezeiten in unse-*
*rer Familie gewahrt bleiben. D. h. von 13 – 15 Uhr und ab 21 Uhr bitte ich darum,*
*kein fremdes Humanmaterial im Haus antreffen zu müssen.*
*b) Ferner sind Freunde und Bekannte herzlich willkommen, wenn sie sich an alle*
*bestehenden Regeln halten. Das beinhaltet auch den Gutenachtkuss.*

*Ich bitte Dich, diese Punkte zur Kenntnis zu nehmen. Im Übrigen bin ich nicht wü-lend auf Dich – ich bin nur traurig und enttäuscht.*

*Paps*

Lieber Rolf, es erleichtert mich ungemein, dass ich Dir den Brief gezeigt habe. Ich denke ernsthaft darüber nach auszuziehen. Was meinst Du, ist das eine gute Idee?

Viele Grüße
Scarlett

PS: Ich bin noch nicht dazu gekommen, über Deinen Heiratsantrag nachzuden-ken. Ich sag Dir Freitag oder Samstag Bescheid, aber ich tendiere schon eher zu Nein.

Von:     Gabi <gabriele@gmail.com>                          03.01.2023, 10:15
An:      Mich <chy255bx+vrlg@secure.mailbox.org>
Betreff: zum vesrtändnis

hey chritsine

danke dir für diese erte materialsammlung. bevor ich dazu jetzt meine nsenf ab-
gebe hilf mir mal. das thema ling covid taucht hier nirgenwo auf. wann und wie
hattest du vor, das da einzubauen? lggabi

Von:     Mir <chy255bx+vrlg@secure.mailbox.org>             03.01.2023, 10:32
An:      Gabi <gabriele@gmail.com>
Betreff: falsch verstanden

Liebe Gabi,

Long Covid? Nein, nein, nein. Das hier ist viel besser. Ich bin nicht die Frau für See-
len-Striptease in Ratgeberformat. Ich mache Kunst.

Herzliche Grüße

Christine

Von:     Gabi <gabriele@gmail.com>                          03.01.2023, 10:35
An:      Mich <chy255bx+vrlg@secure.mailbox.org>
Betreff: Re: falsch verstanden

achja ich vergaß. was bist du nochmal: anarco-feministeische dadaistin oder post-
kapilalistische retro-satiriikerin

| Von: | Mir <chy255bx+vrlg@secure.mailbox.org> | 03.01.2023, 10:40 |
|------|------|------|
| An: | Gabi <gabriele@gmail.com> | |
| Betreff: | Warum Retro? Weil ich kein Smartphone habe? | |

| Von: | Gabi <gabriele@gmail.com> | 03.01.2023, 10:43 |
|------|------|------|
| An: | Mich <chy255bx+vrlg@secure.mailbox.org> | |
| Betreff: | genaudeswegen | |

| Von: | Mir <chy255bx+vrlg@secure.mailbox.org> | 03.01.2023, 12:03 |
|------|------|------|
| An: | Gabi <gabriele@gmail.com> | |
| Betreff: | Kunst | |

Liebe Gabi,

was mir vorschwebt, ist, diese halb ausgedachte, halb echte Autobiografie unter Pseudonym weiterzuentwickeln. Also Autobiografisches zu fiktionalisieren und es gleichzeitig hops zu nehmen. Ich würde in dem Zusammenhang noch Scarletts Testament schreiben, außerdem ihre Antwort auf den Brief, in dem sie erfährt, dass sie eine Tochter hat. Den würde ich komplett schwärzen, seitenlang, mit nur einzelnen Wörtern oder halben Sätzen, die erkennen lassen, dass sie dem Typen (Andreas de Beukelaer) gegenüber komplett ausfällig wird.

In etwa so:

„Hallo xxxxxxxxx

was bist Du für ein xxxxxxxxxxxxx, dass Du versuchst, mir nach 19 Jahren ein Kind anzuhängen? Wo kommen wir hin, wenn jeder dahergelaufene Ex-Freund behaupten darf, ich sei die Mutter seiner Kinder? Brauchst Du Geld? Ist es das? Hör zu, wenn ich von Dir noch EINMAL xxxxxxxxxxxxxxxxxxxxxxxxxxxxxxxxxxxxxxxxxx xxxxxxxxxxxxxxxxxxxxxxxxxxxxxxxxxxxxxxxxxxxxxxxxxxxxxxxx, dann werde ich xxxxxxxxxxxxxxxxxxxxxxxxxxxxxxxxxxxxxxxxxxxxxxxxxxxxxxxxxxxxxxxxxxxxxx xxxxxxxxxx, Du xxxxxxxxxxxxxxxxx. Ich werde außerdem herumerzählen, wie Du damals xxxxxxxxxxxxxxxxxxxxxxxxxxxxxxxxxxxxxxxxxxxxxxx xxxxxxxxxxxx xxxxxxxxxxxxxxxxxxxxxxxxxxxxxxxxxxxxxxxxxxxxxxxxxxxxxxxxxxxxxxxxxxxxxx xxxxxxxxxxxxxxxxxxxxxxxxxxxxxxxxxxxxxxxxxxxxxxxxxxxxxxxxxxxxxxxxxxxxxx xxxxxxxxxxxxxxxxxxxxxxxxxxxxxxxxxxxxxxxxxxxxxxxxxxxxxxxxxxxxxxxxxxxxxx. Ferner werde ich keinen Hehl daraus machen, dass xxxxxxxxxxxxxxxxxxxxxxxxxxx xxxxxxxxxxx xxxxxxxxxxxxxxxxxxxxxxxxxxxxxxxxxxxxxxxxxxxxxxxxxxxxxxxxxxxxxx xxxxxxxxxxxxxxxxxxxxxxxxxxxxxxxxxxxxxxxxxxxxxxxxxxxxxxxxxxxxxxxxxxxxxx xxxxxxxxxx(O) (O)xxxxxxxxxxxxxxxxxxxxxxxxxxxxxxxxxxxxxxxxxxxxxxxxx, denn xxxxxxxxxxx\° °/xxxxxxxxxxxxxxxxxxxxxxxxxxxxxxxxxxxxxxxxxxxxxxxxxxxxxxxx xxxxxxxxxxx=\/=xxxxxxxxxxxxxx und xxxxxxxxxxxxxxxxxxxxxxxxxxxxxxxxxxxxxxxx xxxxx und xxxxxxxxxxxxxxxxxxxxxxxxxxxxxxxxxxxxxxxxxxxxxxxxxxxxxxxxxxxxxxx xxxxxxxxxxxxxxxxxxxxxxxxxxxxxxxxxxxxxxxxxxxxxxxxxxxxxxxxxxxxxxxxxxxxxx xxxxxxxxxxxxxxxxxxxxxxxxxxxxxxxxxxxxxxxxxxxxxxxxxxxxxxxxxxxxxxxxxxxxxx xxxxxxxxxxxxxxxxxxxxxxxxxxxxxxxxxxxxxxxxxxxxxxxxxxxxxxxxxxxxxxxxxxxxxx xxxxxxxxxxxxxxxxxxxxxxxxxxxx und xxxxxxxxxxxxxxxxxxxxxxxxxxxxxxxxxxxxxxxx xxxxxxxxxxxxxxxxxxxxxxxxxxxxxxxxxxxxxxxxxxxxxxxxxxxxxxxxxxxxxxxxxxxxxx xxxxxxxxxxxxxxxxxxxxxxxxxxxxxxxxxxxxxxxxxxxxxxxxxxxxxxxxxxxxxxxxxxxxxx xxxxxxxxxxxxxxxxxxxxxxxxxxxxxxxxxxxxxxxxxxxxxxxxxxxxxxxxxxx *(geht noch 13 Seiten so weiter)*

Ich denke, wir haben uns verstanden und würde mich freuen, wenn Du kooperierst. Wäre doch blöd, wenn wir Ärger miteinander bekommen.

Herzlich
Scarlett"

Und dann kommt noch eine Fußnote hinter den geschwärzten Namen in der Anrede. In etwa so:

* Die Autorin ist verpflichtet, sowohl den Namen des Adressaten Andreas de Beukelaer als auch alle Passagen, in denen der Adressat beleidigt, denunziert oder diffamiert wird, zu schwärzen. Herr de Beukelaer hat dies mit Verweis auf seine Persönlichkeitsrechte gerichtlich verfügen lassen. Infolgedessen erfahren die LeserInnen hier leider nichts über den Teil der Geschichte, in dem Scarlett Schlötzmann ihren Ex-Freund Andreas de Beukelaer der Sodomie und des Völkermords bezichtigt, ihm sehr hässliche Füße attestiert und ihm damit droht, ihn in den sozialen Netzwerken als Schwurbler zu brandmarken.

Um das Lesevergnügen der LeserInnen dennoch nicht zu schmälern, hat die Autorin in den geschwärzten Passagen eine kleine Maus versteckt. Finden Sie sie!

| Von: | Gabi <gabriele@gmail.com> | 03.01.2023, 12:16 |
| An: | Mich <chy255bx+vrlg@secure.mailbox.org> | |
| Betreff: | Kunst | |

oh ist das die maus dieter?

| Von: | Mir <chy255bx+vrlg@secure.mailbox.org> | 03.01.2023, 12:36 |
| An: | Gabi <gabriele@gmail.com> | |
| Betreff: | Dieter | |

Ja, das ist Dieter.

Von:     Gabi <gabriele@gmail.com>                03.01.2023, 12:29
An:      Mich <chy255bx+vrlg@secure.mailbox.org>
Betreff: Re: Dieter

prima. aus dieter lässt sich was machen. der ist so ein anti-held, der im verlauf der geschichte immer im falschen moment autaucht und seinen senf dazu gibt. dieter ist der roter faden! den antwortbrief mitden geschwärtzen passagen würde ich nicht reinnehmen.


Von:     Mir <chy255bx+vrlg@secure.mailbox.org>    03.01.2023, 12:45
An:      Gabi <gabriele@gmail.com>
Betreff: Aber wenn ich den Antwortbrief rauslasse ...

... wo verstecke ich dann Dieter?


Von:     Gabi <gabriele@gmail.com>                03.01.2023, 12:56
An:      Mich <chy255bx+vrlg@secure.mailbox.org>
Betreff: Re: Aber wenn ich den Antwortbrief rauslasse ...

wenn du mich fragst lass das mit dem verstecken weg. a propos auf der kinder-seite der „brigitte" hab ich als kind damals auch immer eine maus dgesucht hast du das geklaut? vorsich mit so was. satire schützt nicht vor urherberrechtsverletzung. aber das hast du eh nicht wortwörtlich so emeint mit dem verstecken gell. sorry bei mir steht warhscheinlich wieder jemand dauf der leitung. however inhaltlich als figur finde ich dieter jedenfallss stark.er könnte doch immer wieder auttauchen in deiner pseudo-autobiografie und danach fragen wie es dir geht. un ddamit hast du eine elegante überlietung zum thema long covid. was denkst du? lg gabi

ps: wie geht's dir?

| Von: | Mir <chy255bx+vrlg@secure.mailbox.org> | 03.01.2023, 15:03 |
|---|---|---|
| An: | Gabi <gabriele@gmail.com> | |
| Betreff: | nein | |

Liebe Gabi,

lass es mich so formulieren: Nein!

Ich fühle mich demoralisiert. Ich weiß auch nicht warum.

Herzliche Grüße
Christine

Ps: Danke, Scheiße.

| Von: | Gabi <gabriele@gmail.com> | 03.01.2023, 15:12 |
|---|---|---|
| An: | Mich <chy255bx+vrlg@secure.mailbox.org> | |
| Betreff: | Re: nein | |

liebe christin
lass es mich so formulieren: ich als mensch finde dien zeug super. ich als verlag halte es für unverkäuflich. deal: du nimmst dein persönliche cong covid leidens-story mit rein, dann kannst du drumerhum so viel dada machen wie du willst okay? lg gabi

Von: Gabi <gabriele@gmail.com>                04.01.2023, 09:45

An: Mich <chy255bx+vrlg@secure.mailbox.org>

Betreff: nochmal ich

liebe chrsitine

sorry wenn das irgendwie blöd rübergekommen ist. ich wollte dich definitv nicht in deinem enthusisasmus bremsen.hoffe du kannst meinen standpunkt auch irgendwo bißchen nachvollziehen können :-)

du die lösung liegt ja immer igendwo in der mitte und ich denk mir das könnte ja auch in irre witziger mix anunterschiedlichen texten in deinem buch sein. in der musik würde man vielleicht crossover dazu sagen oder so kenn mich da nicht so aus. weißt du könnte man ja richtig ne marke draus mache. vom marketing her. ein eigenes genre dafür erfinden. fusion literature!wie fändet du das? ist mir grad so eingefallen.

lg gabi


Von: Mir <chy255bx+vrlg@secure.mailbox.org>                04.01.2023, 10:30

An: Gabi <gabriele@gmail.com>

Betreff: Fusion Literature

Liebe Gabi,

ja … ähm … prima Idee.

Grüße

Christine

# Kapitel 1

Ich fange gleich mal mit einer Erklärung an. Einfach, weil das immer ein fetziger Einstieg ist und weil Sie dann nicht mehr darüber nachdenken müssen, warum ich dieses Buch „Die Ex-Kabarettistin" genannt habe.

Es ist nämlich so: Eigentlich bin ich im echten Leben Kabarettistin, und eigentlich sollte ich jetzt auf einer Bühne stehen und mein Programm „Abschiedstour" spielen, statt am Tisch zu sitzen und Bücher zu schreiben, aber dann kam Dingens dazwischen. Sie wissen schon ... ich sag's jetzt nicht – NEIN, nicht weil ich es LEUGNE oder so, um Himmels Willen, sondern weil man es ja einfach nicht mehr hören kann.

Ja, und wegen Dingens, also wegen der Maßnahmen gegen Dingens, konnte ich dann zwei Jahre lang so gut wie gar nicht arbeiten, also eben KEINE Abschiedstour ... also verstehen Sie mich nicht falsch, das soll jetzt keine KRITIK an den Maßnahmen sein, um Himmels Willen, es war halt nur nicht möglich zu arbeiten, also ich hätte schon hie und da auftreten können, aber dann mit den Abstandsregeln eben vor 30 statt vor 300 Leuten, und 30 Zuschauer, ich sag mal 60 Prozent Einnahmenbeteiligung ohne Garantiegage, davon Fahrtkosten und Agenturprovision abziehen, da verdiene ich mehr, wenn ich zu Hause bleib und den Keller ausmiste ...

Also bitte nicht falsch verstehen, ich bin die Letzte, die was gegen sinnvolle Maßnahmen hat, vor allem im Theater, das hat ja gerade da auch eine Vorbildfunktion … hab ich vorhin noch in der Bahn drüber nachgedacht … also soweit ich nachdenken konnte, weil ich in so einem überfüllten Abteil mit besoffenen Fußballfans stand … die kamen aus dem Stadion, 30.000 ausverkauft … was wollte ich gerade sagen, ach so, nee, „safety first" ist da in so einer Kleinkunstbühne sicherlich nicht verkehrt, deshalb war das dann im Prinzip für mich noch safer, gar nicht mehr zu arbeiten, was jetzt vom finanziellen Standpunkt her natürlich hätte optimaler laufen können, aber da gab es ja Gott sei Dank auch Unterstützung.

Gut, die muss ich jetzt zwar wieder zurückzahlen, weil die im Nachhinein die Bedingungen für den Anspruch auf Soforthilfe verändert haben … Oh Gott, das hört sich jetzt arg verschwörungstheoretisch an, oder?? Nein, wie erklär ich das jetzt … also, ich gehe jetzt nicht von irgendeinem bösen Plan oder so aus, es ist nur einfach so, dass zum Zeitpunkt der Antragstellung nirgendwo stand, dass man in dem Bundesland, in dem man den Antrag stellt, noch drei Monate wohnen muss, um das Geld auch wirklich behalten zu dürfen. Jetzt bin ich aber IN DIESEN drei Monaten in ein anderes Bundesland gezogen, deshalb muss ich jetzt natürlich alles ab dem Umzug zurückzahlen, logisch, weil ja nach dem Umzug die Notwendigkeit finanzieller Unterstützung gar nicht mehr äh … also, weil Dingsbums ja nur in bestimmten Bundesländern war … ach, egal.

Jedenfalls hab ich nach den zwei Jahren Zwangspause – was heißt „Zwangspause", das klingt jetzt so nach Einschränkung der Grundrechte, so querdenkermäßig, aber Querdenkerin bin ich nun wirklich nicht, um Himmels Willen, also früher schon, als das noch was Gutes war, aber jetzt nicht mehr.

Jedenfalls hab ich nach den zwei Jahren Zwangspause dann auch selber Dingens bekommen und danach Long Dingens und danach VERY Long Dingens, und da konnte ich halt schon wieder nicht auf Abschiedstour. Das ist eine blöde Krankheit, man weiß nicht, wann man das nächste Mal wieder so einen Erschöpfungsschub kriegt, man kann nichts planen, der Körper spinnt rum, das ist echt … also, das wünscht man keinem, deshalb ist das mit der Impfung ja so wichtig, weil die dagegen …

Gut, also in meinem Fall weiß ich nicht, womit meine Probleme ursächlich zu tun haben, weil ich ganz ähnliche Symptome ja schon direkt nach meiner ersten Impfung hatte, insofern KANN es natürlich auch sein, dass … Oh Gott, habe ich das gerade gesagt?? Das hab ich nicht gesagt, oder? Ich meine, es ist mir tatsächlich so passiert, aber dass es mir passiert ist, heißt ja erst mal nur, dass es MIR PASSIERT ist, mehr nicht. Das ist ein bedauerlicher Einzelfall.

Das hab ich jetzt ohne Ironie gesagt!! Ich weiß, wenn 'ne Kabarettistin „bedauerlicher Einzelfall" sagt, klingt das verdächtig nach eben genau KEINEM Einzelfall, aber Sie können mir wirklich glauben, ich meine das genauso, wie ich es gesagt habe. Wenn ich nicht mehr sage, was ich meine, kann ich ja gleich zum Kabarett gehen. Äh. Ich meine, kann ich ja gleich, brauche ich ja gar nichts mehr sagen. – Genau. DAS wollte ich sagen: Ich sag nichts mehr.

Na, eigentlich wollte ich noch sagen: Das hätte ich nur halt gerne selber entschieden, wann ich nichts mehr sage. Und vor zwei Jahren wollte ich aus ganz anderen Gründen nichts mehr sagen. Jetzt sitze ich hier mit einem Super-Abschiedsprogramm aus einer anderen Zeit, vor Dingsbums, vorm Krieg, vor Was-weiß-ich-was-als-Nächstes-passiert und …

A propos Krieg. Wie zynisch ist das eigentlich, 100 Milliarden in die Aufrüstung zu stecken, statt mal 100 Milliarden in Bildung oder Gesundheitswesen zu investieren, ZUM BEISPIEL für dringend benötigte Studien zu Post Covid und Post Vac? Für interdisziplinäre Behandlungszentren, damit die Patient*innen mit ihrem Passt-in-keine-Schublade-Krankheitsbild nicht von Pontius zu Pilatus geschickt werden, sondern an einer zentralen Stelle kompetente Hilfe und Beratung bekommen. Für die beschleunigte Zulassung von wichtigen Medikamenten, die es für diese Krankheit immer noch nicht gibt …

„Sorry, aber das ist ja wohl Whataboutism."

Was?

„Krieg ist das eine, Long Covid das andere. Findest Du es etwa richtig, die Menschen in der Ukraine jetzt allein zu lassen?"

Nein, natürlich nicht … aber „helfen" und „schwere Waffen liefern" sind doch zwei unterschiedliche Dinge …

„Nicht, wenn man ihnen damit hilft, sich zu verteidigen."

Ja, aber verlängert man den Krieg damit nicht nur, also das Sterben, oder habe ich da was falsch …

„Die Ukraine muss den Krieg gewinnen."

Ja, natürlich! Ach so, Moment, kann sie das denn? Okay … gut, da kenn ich mich nicht so … und was ist dann? Also, wenn sie den Krieg „gewonnen" hat. Wie geht es dann weiter? Mit Russland. Mit der Welt. Wie gut haben militärische Lösungen in Afghanistan oder im Irak funktioniert …?

„Sorry, bist du eine von diesen Lumpenpazifistinnen?"

Wie bitte? Um Himmels Willen, nein, bitte nicht falsch verstehen, ich bin selbstverständlich für Krieg! Wer für Krieg ist, ist für Frieden! Es gibt sicherlich falsche Kriege oder nicht so besonders gute oder auch richtig arg schlimme, aber dieser spezielle Krieg ist jetzt was anderes, oder? Also, zumindest vom moralischen Dings her. Das sagen auch die im Radio und im Fernsehen die ganze Zeit. Gut, die Frage ist natürlich trotzdem, ob man das Problem mit dieser Sichtweise gelöst kriegt oder ob es nicht vielleicht doch gut wäre, sich die Vorgeschichte dazu …

„Moment mal, du willst jetzt nicht die Russen in Schutz nehmen, wegen NATO-Osterweiterung und so, oder?"

NEIN! Bitte. Ich stelle mich nicht auf eine Seite. Beziehungsweise DOCH! Natürlich stelle ich mich auf eine Seite! Auf die gute! Auf die richtige! Denn die gibt es hier ja mal eindeutig. Was für ein Glück, dass das hier in diesem Krieg mal so einfach ist mit Gut und Böse.

„Höre ich da so einen ironischen Unterton? Du bist doch Kabarettistin, also, WARST du mal, oder?!"

Äh, wie? Ja! Also, ja, ich bin Kabarettistin. War. Und nein, keine Ironie! Um Himmels Willen, ich bin nun wirklich keine Putin-Apologetin. Im Gegenteil! Ich bin sogar eine ausgesprochene … also, ich spreche den Namen „Putin" nur noch französisch aus, damit es klingt wie … gut, dass ist jetzt nur was für Leute mit Französisch-Kenntnissen, wie erkläre ich das, damit alle den Witz verstehen? Na, jedenfalls bringe ich damit auf künstlerisch-subversive Weise eine Kritik zum Ausdruck und positioniere mich ganz eindeutig zum russischen Angriffskrieg. Da kann mir eigentlich keiner unterstellen, ich würde auf der falschen …

„Zzz."

Was „zzz"? Meinst du „Tsss"? Ist das nicht überzeugend? Habe ich irgendetwas missverständli … au wei, das war frauenfeindlich, stimmt's? „Putain" ist frauenfeindlich, das ist richtig, aber „Putain" habe ich ja gar nicht explizit geschrieben, also vorhin nicht, jetzt schon, aber ja nur, um das Missverständnis zu beseitigen beziehungsweise den Kontext zu klären … Ach so „Zzz"!! Jetzt verstehe ich! Wegen Dings hier … das Militär- und Propaganda-Z, gell? Du willst damit sagen, ich soll solche Stellen vermeiden? Du, ich kann das alles weglassen, kein Problem. Ich wollte noch was _um Kontext sagen, also _u Kontext gan_ allgemein.

„‚Kontext' ist eine Entschuldigung für Entgleisungen. Es gibt Dinge, die sind nun mal richtig oder falsch, gut oder böse, egal in welchem Kontext."

Kein Problem, dann lass ich Kontext auch weg. Aber wenn ich alle _ weglasse und auch den Kontext be_iehungsweise alle _usammenhänge, wäre es dann nicht konsequent und _ielführender, auch andere Problem_onen _u umgehen? Einfach um Missverständnissen vor_ubeugen. Ich werde ab sofort auch die Wortkombi-nationen „SA" und „SS" wegla_ _ en, ferner _weideutiges und _ _tirisches, damit nicht _wischen den _eilen Plat_ für unfreiwillige Ambivalen_en entsteht.

„Prima. Danke. Sieht doch gleich viel übersichtlicher aus."

Übersichtlich, ich wei_ _ nicht, aber doch _umindest intere_ _ _nt. Darf ich mal fragen, wer hier eigentlich die gan_e _eit da_wischenquatscht?

„Klar. Ich bin Dieter."

Was – Dieter, die Maus?

„Ja."

Oh, sehr erfreut.

„Wie geht's Dir?"

Na ja, geht so, danke. Und dir?

„Bestens."

Fein.

Von: Gabi <gabriele@gmail.com>     10.01.23, 11:33
An: Mich <chy255bx+vrlg@secure.mailbox.org>
Betreff: kalpitel 1

liebe chritisne

nice things first: ich liebe dieter!! bitte mehr davon. großartig auch sätze wie der mit dem kontext. klasse.

denke nur du solltest diese politische /gesellschaftliche schiene bzgl. corona + impfen nicht fahren. bitte nicht falsch verstehen, ich bein ein fan von kritik aber ich will vermeidne, dass du nachhher mit anfeindungen zu tun hast. weißt du wer dir böses will könnte da zwischen den zeilen sachsen rauslesen vor allem wenn du da nachher auch noch über den krieg redest (warum eigentlich? Ist doch nicht dein thema!) nochcmal das sind echt themen die polarisieren und es wäre echt megaschade, wenn du deshalb nachher in so eine verschöwrungs-, querdenker- , rechtsesoteriker-ecke gestellt wirst. ich will jetzt nicht panik machen soder so, aber mit so einem stempel wäre d es dann echt schwer weitere bücher zu verlegen, nicht nur bei uns, bei allen verlagen (außer den dubiosen natürlich)!
lg gabi

ps: geht's dir eigentlich besser?

Von: Mir <chy255bx+vrlg@secure.mailbox.org>     12.01.2023, 17:21
An: Gabi <gabriele@gmail.com>
Betreff: ratlos

Liebe Gabi,

mein letzter Entwurf war in dem Bemühen entstanden, alle Fettnäpfchen zu vermeiden. Du hast trotzdem welche gefunden. Wie soll ich nun schreiben? Gib mir einen Rat.

Herzlich
Christine

PS: Danke der Nachfrage. Wollte vorhin mit dem Kind ins Museum. Musste wegen Schwindel auf dem Weg dahin abbrechen und umdrehen. Kind enttäuscht, Mutter Schuldgefühle. Hab ihm dann dafür einen Nintendo gekauft und mich ins Bett gelegt.

| | | |
|---|---|---|
| Von: | Gabi <gabriele@gmail.com> | 12.01.23, 17:30 |
| An: | Mich <chy255bx+vrlg@secure.mailbox.org> | |
| Betreff: | rat | |

hey chrisine

tut mir voll leid mit dem schweindel und dem nintendo. hier mein rat: ich wiederhole mich wahrscheinlich, aber bleib mal bei deinem personlichen erlebnissen. stichwort long-covid-tagebuch. stichwort authentizitität ;-).

lgg

# Kapitel 1

Liebes Tagebuch,

es ist mitten in der Nacht und ich kann mal wieder nicht schlafen. Habe diverse Zipperlein: meine „Stelle" im Brustbereich, Nähe Herz, meldet sich wieder mit dieser typischen Mischung aus Druck, leichtem Schmerz und Schwächegefühl. Vermutlich dadurch (?) entsteht auch eine leichte Unruhe, so ein Gefühl wie Lampenfieber, etwas flirrend, kribbelig. Manchmal bekomme ich wie aus dem Nichts eine Art Schreck, manchmal Herzstiche. Dann wieder Muskelzittern, diesmal – ganz neu – am rechten Daumen (normalerweise eher im Bein). Das Daumenzittern und der „Schreck" verhindern abwechselnd, dass ich zur Ruhe komme, und natürlich lassen auch die schwarzen Gedanken nicht auf sich warten.

*schöner Ansatz!*

Was, wenn das nicht wieder weggeht? Mit dieser Belastungsintoleranz ist nichts planbar. Wie lässt sich das mit meiner Arbeit vereinbaren? Die Auftrittstermine stehen schließlich für die nächsten zwei Jahre fest. Kann ich das Auf-Tour-Sein, die Bahnfahrerei, die fremden Städte, die fremden Hotelbetten, die verschobenen Tag-Nacht-Rhythmen, die Ungewissheit, was und wer mich vor Ort erwartet, das Bühnenadrenalin noch so locker wegstecken, wenn schon nicht genießen? Ist doch alles schon im gesunden Zustand nicht unanstrengend. Was ist die Alternative, wenn ich nicht mehr auftreten kann? Bücher schreiben? Kann man von Frauenroman-Parodien leben? Ein Bürojob? Wo? Im Bürgeramt? Bei einer Versicherung? Im Betriebsbüro eines Theaters? Mein Gehirn ist ganz leer, wenn ich mir das vorzustellen versuche, und das ist ursächlich ausnahmsweise mal kein

Long-Dingsbums-Symptom. Was, wenn ich mein Erspartes aufgebraucht habe? Mein Krankengeld läuft bald aus. Muss ich jetzt Erwerbsminderungsrente beantragen? Ich habe gehört, dass Post-Vac-Geschädigte in der Regel nichts und mit viel Glück und/oder nach zermürbenden juristischen Kämpfen irgendetwas zwischen 100 und 800 Euro pro Monat bekommen. Wow. Wie sieht das bei Long-Covid-Geschädigten aus? Und muss ich dafür vorher eine Reha machen, von der ich gehört habe, dass sie im Falle von Long Covid oder Long Impfung oft sogar kontraproduktiv ist, weil Heilung oder zumindest Besserung sich vor allem durch Ruhe, Geduld und Abwesenheit von Stress einstellen, und nicht durch Muskelaufbautraining und einen straffen Behandlungsplan?

Dank meines jährlichen Rentenbescheids weiß ich seit Jahren, dass ich ab 2041 mit Altersarmut zu rechnen habe. Neu ist der Gedanke, dass ich mich eventuell jetzt, mehr oder weniger in der Mitte meines Lebens, schon mal an den Lebensstandard gewöhnen kann. Mittelaltersarmut sozusagen.

Und wenn man schon mal am Schwarzdenken ist, kann man ja gleich einen Gang hochschalten … Was, wenn nicht nur meine Existenz (und die meiner Familie) bedroht ist, sondern sogar mein Leben? Was, wenn diese Krankheit, von der niemand so richtig weiß, was da eigentlich passiert und wie man sie behandeln soll, gar nicht in den Griff zu kriegen ist? Wir kennen doch noch gar keine Langzeitfolgen. Was, wenn tatsächlich die Impfung der Auslöser meiner Krankheit war und dadurch nun etwas in meinem Körper so durcheinandergeraten ist (Stichwort Entzündungen-Autoimmunerkrankungen-geschwächtes Immunsystem), dass mein Risiko, an Krebs zu erkranken, einen Schlaganfall oder Herzinfarkt zu bekommen, dadurch deutlich höher ist und ich viel früher die Biege mache als geplant?

Abgesehen davon, dass damit für mich dann das Problem mit der Altersarmut gelöst wäre, was passiert mit meinem Kind, mit meiner Familie?? Was, wenn meinem Partner auch etwas zustößt … Wer kümmert sich dann um das Kind??? Vielleicht besser ganz schnell heiraten, damit zumindest das Finanzielle geregelt ist!! Aber ich wollte doch nie heiraten! Oje, hätte ich doch wenigstens mal für eine private Altersvorsorge gesorgt, dann hätte ich jetzt weniger Sorgen … Mist, ich habe nicht nur Long Covid, ich habe auch noch Kapitalismus!!!

*Was hast Du denn nun? Long Covid oder Post Vac? Triff eine Entscheidung, dann kannst Du die richtige Zielgruppe auch besser ansprechen*

Okay, einatmen – ausatmen. Einatmend atme ich ein. Ausatmend atme ich aus. Einatmend atme ich ein. Ausatmend atme ich aus. Einatmend denke ich an die differentialdiagnostische Abklärung meiner neurologischen Symptome nächste Woche im Krankenhaus. Ausatmend frage ich mich, ob mein Kind eigentlich schon computersüchtig ist, weil ich weder die Energie habe, klare Ansagen zu machen, noch genügend Fantasie aufbringe, ihm attraktive Alternativen zum Computer zu bieten …

Schluss damit. Es hat wenig Sinn, stundenlang wach im Bett zu liegen und auf die beruhigende Wirkung von Meditation und Masturbation zu vertrauen. Besser gleich Licht an und lesen.

*Konkret wer? Namen sind immer gut.*

*SA!!*

Tolles Buch. Da wird so gut beschrieben, was in diesem Land in den letzten zwei, drei Jahren passiert ist. Die Verformungen von Demokratie und Gesellschaft, die Diskursverengung, die Diffamierung derjenigen, die einen anderen Standpunkt vertreten als den, der von den meisten Medien vertreten wird. Verrückt: Das, worüber sie schreibt, widerfährt ihr selbst GENAU DESWEGEN! Da findet eine regelrechte Hexenjagd statt, aber wer weiß, wahrscheinlich hat das letztendlich doch nur was mit ihrer Haarfarbe zu tun und gar nicht mit dem, was sie sagt (LOL). Statt sich mit ihren Thesen kritisch auseinanderzusetzen, wird ihr gleich sämtliche Seriosität abgesprochen und sie als Person komplett verunglimpft. Dafür dürfen Leute, die NACHWEISLICH seriöse Wissenschaftlichkeit vermissen lassen, Minister*innen und Bürgermeister*innen werden, solange sie auf der „richtigen" Seite stehen. Das ist doch alles nicht auszuhalten!!

Und es hört ja nicht auf. Waren es bei Corona noch die „Impfverweigerer", sind es beim Ukraine-Krieg die „Lumpenpazifisten". Wer kommt als nächstes an den medialen Pranger? Die „Xi-Jinping-Versteher"?

*SA*

Die Freiräume werden enger. Das Denken wird kleiner. Und die Kunst? Und die Lust aufs Risiko? Die Freude am Scheitern? Der Mut, die eingetretenen Wege zu verlassen? Ich habe ein Kind, ich möchte daran glauben, dass das alles auch anders geht: lernen, zusammenleben, wohnen, arbeiten, lieben. Ich könnte heulen. *schön !*

Nachtrag 04.27 Uhr: Muss wohl doch eingeschlafen sein. Bin gerade aufgestanden und im Halbschlaf aufs Klo getappt. Beim Wiederhinlegen kam diese Überempfindlichkeit am ganzen Körper, die ich neuerdings immer habe, wenn es einen Wechsel zwischen Ruhe- und Bewegungsmodus gibt. Kein Weiterschlafen möglich. *süß !*
*(weil menschlich ☺ )*

Liebe Gabi,

vor mir liegt mein von Dir mit Anmerkungen versehener Tagebuch-Entwurf (Kapitel 1), und ich möchte nun meinerseits gerne etwas anmerken.

1. Ohne allzu sehr auf die Meta-Ebene steigen zu wollen, aber fällt Dir eigentlich was auf? Die von Dir häufig verwendete Abkürzung „SA" für „Schwurbelalarm" könnte DIR negativ ausgelegt werden und die Leser für MICH einnehmen. Schließlich könnte man einer Lektorin, die ihre Autorin angesichts der von ihr, der Autorin, bemängelten Diskursverengung auffallend oft mit einem markigen „SA", mitunter auch „SA!" oder gar „SA!!" ermahnt, faschistoides Gebaren unterstellen oder – und jetzt wird es noch metaebeniger – man könnte annehmen, dass jemand, der sich eine solche Lektorin und eine solche Autorin ausdenkt, das als „Abkürzung" verwendete „SA", ohne dies explizit auszudrücken, aufgrund der konkreten historischen Bedeutung als eine Kritik an sich aktuell abzeichnenden totalitären Tendenzen (hier wird vor allem die Zensur konnotiert) verstanden wissen möchte. Will sagen: Verwende es ruhig weiterhin, aber wisse, dass es Dich als Figur möglicherweise nicht allzu sympathisch erscheinen lässt.

2. Worum ich Dich schon immer bitten wollte: Du beherrschst die Groß- und Kleinschreibung, wie ich am Handschriftlichen sehe. Könntest Du sie auch mal in Deinen Mails an mich ausprobieren? Gerne auch korrekte Interpunktion und keine Tippfehler, wenn es geht und nicht zu viel verlangt ist. Die Zeit, die ich zum Dechiffrieren Deiner Nachrichten benötige, könnte ich dann dafür verwenden, mich mit deren Inhalt zu befassen. Ich würde mich wahnsinnig freuen.

Danke Dir und liebe Grüße
Christine

PS: Kann sein, dass meine Antworten etwas dauern. Ich bin ja für die Differentialdiagnostik auf der Neurologischen. Da muss ich mich für WLAN immer vors Schwesternzimmer setzen. Hab mich übrigens wegen Brainfog die letzten Tage noch nicht ans zweite Kapitel ransetzen können. Kommt dann, wenn ich hier raus bin.

PPS: Hier gibt es eine coole Assistenzärztin. Die gab mir gestern, als ihre Kollegen draußen waren, den Tipp, mir eine gute Heilpraktikerin zu suchen. O-Ton: „Wenn Sie mich fragen, kann die Ihnen besser helfen als wir. Checken Sie mal Ihr Mikrobiom und die Mitochondrien. Würde mich nicht wundern, wenn das alles mit der Impfung zu tun hat. Den letzten Satz habe ich selbstverständlich nie gesagt.“

| | | |
|---|---|---|
| Von: | Gabi <gabriele@gmail.com> | 25.01.2023, 12:54 |
| An: | Mich <chy255bx+vrlg@secure.mailbox.org> | |
| Betreff: | Re: Kapitel 1 | |

liebe chritine

danke für dein feeback. sorry wenn ich dir mit der abkürzung SA irgendwie zu nahegetreten bin. hab selbstverständlich kein problem damit irgnedeine andere bezeichnung dafür zu finden auch wenn sich mir nicht so richtig erschließt warum. falls du was passenderes weißt sag bescheid.

aber nur mal so nebenbei: wie symptathisch lässt es die autorin erscheinen, dass sie sich eine lektorin ausdenkt, di eständig schwurbelalarm schlägt? lässt das die lektorin nicht möglicherweise etwas unterbelitichtet erscheinen. oder schlimmer noch: läuft die autorin damit nicht gefahr, genau zu der lagerbildudng beizutragen, deren überwiendung sie eigntlich die ganze zeit das wort redet ;-). meta-ebene off.

zu pukt 2 hab kein problem mit kritik esist nur eine frage der prioritaäten. klar kann ich groß und klein schreibung etc.pp ist alles nur eine frage der zeit. kann mir bei 100 mails am tag nicht den lusxus rechtschreibung leisten. sorry wenn das dein ästhesches empfinden stört, aber ich hab nun mal ein anderes arbeitspensum als du. nicht bös gemeint – ist halt tatsache ;-). würde auch saugerne den ganzen tag im bett liegen.. neid..

jetzt noch mal grundsätzlich zu deinme letztne entwurf für kapitel 1. fängt schön an. das mit den symptomen ist halt wahnsinnig spannend für die leute. schade nur, dass ed dann wieder so kopfig wird. du redest extrem viel über dien gedanken

und zum schluss nicht mal mehr über DEINE gedanken sondern die von jemandem (wem eigetnlich?) deren buch du gelesen hat. sorry vielleicht haben wir uns da irgendwo missverstanden. mit authenthizität meinte ich nicht primär deine gedanken sondern deine gefühle. Bleib bei deien gefühlen :-) ♥♥
lg glabi

ps: hast du einen vorschlag, wie ich „schöner ansatz" abkürzen soll?
pps: für wlan vors schwestern zimmer.. kommst du nicht mit deinem smartphone ins internet?

| Von: | Mir <chy255bx+vrlg@secure.mailbox.org> | 25.01.2023, 13:15 |
|---|---|---|
| An: | Gabi <gabriele@gmail.com> | |
| Betreff: | Re: Re: Kapitel 1 | |

Liebe Gabi,

Du willst Gefühle? Ich bin gerade irgendwie nicht in der Stimmung für Gefühle und schon gar nicht, wenn es um die Gefühle anderer Leute geht und erst recht nicht, wenn es um Gefühle geht, die irgendjemand kaufen soll. Ich liege seit drei Tagen in diesem Scheiß-Krankenhaus, damit irgendeine Scheiße in meinem Gehirn ausgeschlossen werden kann und habe gerade erfahren, dass da irgendwelche Punkte in meinem Gehirn sind, die da nicht sein sollten. Sie KÖNNEN was bedeuten, MÜSSEN aber nichts bedeuten. Eigentlich sollte ich heute mit unauffälligem Befund wieder nach Hause fahren, das war der Plan. Jetzt legen sie mir zum zweiten Mal nahe, doch diese Scheiß-Lumbalpunktion zu machen, damit man noch mehr AUSSCHLIESSEN kann. Ich habe mich gestern noch gegen die Punktion entschieden, weil ich mich retraumatisiert fühle. Weil schon wieder jemand bei mir NUR EINEN KLEINEN PIKS MACHEN MÖCHTE, DER WIRKLICH NUR IN DEN SELTENSTEN FÄLLEN ZU SCHLIMMEN NEBENWIRKUNGEN FÜHREN KANN … genau dieselbe Situation hat mich im September 2021 in die ganze Scheiße geritten, in der ich heute stecke, nur dass der Piks damals die Scheiß-Impfung war, und ich habe mir geschworen, nie wieder etwas unter Druck gegen meinen Willen, gegen mein GEFÜHL zu entscheiden. Das hört alles nicht auf. Ich sitze hier seit zwei Stunden und heule Rotz und Wasser. Unmöglich, in dieser Verfassung eine „vernünftige Entscheidung" zu treffen. Ich werde also nach der nächsten Besprechung mit der Ärztin ungeimpft, äh … unpunktiert meine Sachen packen und nach Hause gehen. Und dann gehe ich mit meinem Kind Fußball spielen, wie verabredet. Ich werde mich also hier leerheulen, und dann nehme ich die S-Bahn und fahre wieder in meinen ganz normalen Alltag. Und dann geht der Wahnsinn weiter, den ich seit fast anderthalb Jahren erlebe. Zum nächsten Arzt, zur nächsten Behandlung, dazwischen Symptome in den Griff kriegen und trotzdem irgendwie fürs Kind da sein, zugewandt, geduldig (klar, wie sonst?) und bei all dem Stress UNBEDINGT STRESS VERMEIDEN.

Was MEINST Du, wie man sich FÜÜÜÜHLT, wenn einem diese ganze Scheiße passiert? Reicht es nicht zu beschreiben, was passiert? Muss ich auch noch erklären, WAS DAS MIT MIR MACHT, wenn mein Herz, mein Kopf, mein Leben durchdrehen, obwohl ich 47 Jahre lang kerngesund war? Und niemand eine Lösung dafür hat? Ja, wie FÜÜÜ-ÜHLT sich das an? STELL'S DIR EINFACH VOR. Und wenn Dir dann immer noch Gefühl fehlt, dann lies halt irgendwas von der *Spiegel*-Bestsellerliste. Ich bin nicht zuständig.

| Von: | Gabi <gabriele@gmail.com> | 25.01.2023, 13:22 |
|---|---|---|
| An: | Mich <chy255bx+vrlg@secure.mailbox.org> | |
| Betreff: | Re: Re: Re: Kapitel 1 | |

WOW gartuliere das meine ich.das war mega-authentisch. schlage vor du fängst kapitel 1 genau so an wie deine letzte mail (lass nur das mit dem pieks weg – SA!). verständnsifrage dazu: hast du dich denn nicht freiewillig impfen lassen?? glgabi

| Von: | Mir <chy255bx+vrlg@secure.mailbox.org> | 27.01.2023, 10:58 |
|---|---|---|
| An: | Gabi <gabriele@gmail.com> | |
| Betreff: | Re: Re: Re: Re: Kapitel 1 | |

Okay, dazu schreibe ich nichts in unverschlüsselten Mails. Kann ich Dich anrufen? Bin wieder zu Hause und ausnahmsweise ausgeruht.

| Von: | Gabi <gabriele@gmail.com> | 27.01.2023, 11:02 |
|------|---------------------------|-------------------|
| An: | Mich <chy255bx+vrlg@secure.mailbox.org> | |
| Betreff: | Re: Re: Re: Re: Re: Kapitel 1 | |

kein problem. ist mir eh recht sonst wird der betreff hier wieder so lang. apropos das gabs doch so nur früher in den mails ,heutzugtage steht bei den antworten im betreff doch immer nur einmal re: oder?
lg gabi

| Von: | Mir <chy255bx+vrlg@secure.mailbox.org> | 27.01.2023, 11:05 |
|------|----------------------------------------|-------------------|
| An: | Gabi <gabriele@gmail.com> | |
| Betreff: | Re: Re: Re: Re: Re: Re: Kapitel 1 | |

Das stimmt, liebe Gabi. Ich fand es für das Buch so aber witziger, egal wie es mittlerweile tatsächlich ist.

Liebe Grüße

Christine

| Von: | Gabi <gabriele@gmail.com> | 27.01.2023, 11:10 |
|------|---------------------------|-------------------|
| An: | Mich <chy255bx+vrlg@secure.mailbox.org> | |
| Betreff: | Re: Re: Re: Re: Re: Re: Re: Kapitel 1 | |

verstehe. bzw. nee verstehe ich nicht. ist wieder so ein meta-ding, oder? dass wir un shier in den mails über die form der mails unterhalten ... wie autori*innen die ihre romanfiguren sprechen lassen oder so als wärst du eie romanfigur die gleichzeigig autorin ist, aber in echt bist du weder noch sondern schreibst ja nur mir eine mail oder so oder wie ... häh? davon krieg ich kleister im kopf. ich ruf dich in eine halben stunde an. hab grad noch zoom meeing mit cleo klepsch.
lgg

| | | |
|---|---|---|
| Von: | Mir <chy255bx+vrlg@secure.mailbox.org> | 27.01.2023, 11:13 |
| An: | Gabi <gabriele@gmail.com> | |
| Betreff: | Re: Re: Re: Re: Re: Re: Re: Re: Kapitel 1 | |

Cleo Klepsch? Moment mal, DIE Cleo Klepsch? „Mit Herz und Highheels", „Die Tinderfalle", „Die Hügelvenus"?

| | | |
|---|---|---|
| Von: | Gabi <gabriele@gmail.com> | 27.01.2023, 11:15 |
| An: | Mich <chy255bx+vrlg@secure.mailbox.org> | |
| Betreff: | Re: Re: Re: Re: Re: Re: Re: Re: Re: Kapitel 1 | |

genau die. wir verlegen nächsten hebrst ihr neues buch. FREU :-):-):-). arbeitstitel „aufregung und sahne". aber ist noch top secret okay? lgg

| | | |
|---|---|---|
| Von: | Mir <chy255bx+vrlg@secure.mailbox.org> | 27.01.2023, 11:17 |
| An: | Gabi <gabriele@gmail.com> | |
| Betreff: | Re: Re: Re: Re: Re: Re: Re: Re: Re: Re: Kapitel 1 | |

Wie kriegt Ihr das zusammen – mein Zeug gut finden und Cleo Klepsch verlegen?
Liebe Grüße
Christine

(Beziehungsweise: lgc … falls „Liebe Grüße, Christine" etwas zu kryptisch sein sollte. Zwinkersmiley.)

| | | |
|---|---|---|
| Von: | Gabi <gabriele@gmail.com> | 27.01.2023, 11:20 |
| An: | Mich <chy255bx+vrlg@secure.mailbox.org> | |
| Betreff: | Re: Re: Re: Re: Re: Re: Re: Re: Re: Re: Kapitel 1 | |

sieh es mal so die klepsch sorgt mit ihrem umsatz dafür dass wir uns dich leitsne können. Nicht bös gemeint ;-). also telfonieren in 30 min?

| Von: | Mir <chy255bx+vrlg@secure.mailbox.org> | 27.01.2023, 11:25 |
| An: | Gabi <gabriele@gmail.com> | |
| Betreff: | Re: Re: Re: Re: Re: Re: Re: Re: Re: Re: Re: Kapitel 1 | |

Gabi, wo wir gerade über Cleo Klepsch sprechen, kommt mir eine Idee … Ich wollte doch unbedingt noch was aus dieser kleinen Frauenroman-Persiflage machen, die ich 2012 mal für den Scarlett-Schlötzmann-Zyklus geschrieben habe (siehe Entwürfe vom 22.12.). Du weißt schon, so eine Art Diversitäts-Remake. Frauenpower 2023. Weil doch alle gefragt haben, ob ich ein Buch daraus mache.

Pass auf, was hältst Du davon: Ich mache nicht wie geplant eine 400-Seiten-Schmonzette daraus, sondern eher so eine Art Mini-Roman. Es ist ja auch kein richtiger Roman, sondern eben Frauenroman-Satire und die ist nach 30–40 Seiten auserzählt.

Das Ganze drucken wir als klitzekleines Buch, welches wir dann an mein richtiges Buch mit dran tackern. So wie die Mini-Zahnpastatuben, die man manchmal als Werbegeschenk zu den großen Zahnpastatuben einfach mit dazu bekommt.

Liebe Grüße

Christine

| Von: | Gabi <gabriele@gmail.com> | 27.01.2023, 11:26 |
| An: | Mich <chy255bx+vrlg@secure.mailbox.org> | |
| Betreff: | Re: Re: Re: Re: Re: Re: Re: Re: Re: Re: Re: Re: Kapitel 1 | |

okeeee … warum?

| Von: | Mir <chy255bx+vrlg@secure.mailbox.org> | 27.01.2023, 11:28 |
|---|---|---|
| An: | Gabi <gabriele@gmail.com> | |
| Betreff: | Re: Re: Re: Re: Re: Re: Re: Re: Re: Re: Re: Re: Re: Kapitel 1 | |

Na ja, das ist ein Spiel mit Konsumismus, Wegwerf-Gesellschaft, Überfluss. Quasi implizite Kapitalismuskritik ohne moralischen Zeigefinger. Ein in Gestalt und Haptik versteckter Witz, der die inhaltliche Zielrichtung des Buches formal konterkariert. Finde ich saulustig. Schade, dass ich den Witz erklären muss.

| Von: | Gabi <gabriele@gmail.com> | 27.01.2023, 11:29 |
|---|---|---|
| An: | Mich <chy255bx+vrlg@secure.mailbox.org> | |
| Betreff: | Re: Re: Re: Re: Re: Re: Re: Re: Re: Re: Re: Re: Re: Kapitel 1 | |

in deinem buch geht es doch um kong covid. was hat das mit kapitalismus zu tunß

| Von: | Mir <chy255bx+vrlg@secure.mailbox.org> | 27.01.2023, 11:45 |
|---|---|---|
| An: | Gabi <gabriele@gmail.com> | |
| Betreff: | Re: Re: Re: Re: Re: Re: Re: Re: Re: Re: Re: Re: Re: Re: Kapitel 1 | |

Was das mit … Liebe Gabi, sämtliche Übel unserer Zeit haben mit dem Kapitalismus zu tun. Artensterben, Massentierhaltung, Regenwaldrodung, Antibiotikaresistenzen, Waldbrände und selbstverständlich auch sich pandemisch ausbreitende Zoonosen – von Klimakrise, Finanzkrise, Flüchtlingskrise und sämtlichen Kriegen unserer Zeit ganz zu schweigen. Du landest bei genauerer Betrachtung der Ursachen immer irgendwann beim Kapitalismus. Das alles ist doch der Hybris unserer alles andere als nachhaltigen, nur am Profit orientierten ökonomischen Verhältnisse geschuldet.

Es war und ist der Kapitalismus, der unsere Lebensgrundlagen auf diesem Planeten durch seine ökonomischen Mechanismen zu Grunde gerichtet hat und es weiterhin und ungebremst tut. Das tut er nicht, weil er etwa „böse" ist, sondern weil er es nicht anders kann: Es ist sozusagen sein Wesen. Auch kein grün angepinselter

Kapitalismus, auch kein staatlich noch so streng regulierter Kapitalismus – Kapitalismus „mit menschlichem Antlitz" etwa – ist also letztendlich die Lösung.

Denn dieses System basiert auf der Verwertung von allem, was uns lieb und teuer ist. Es basiert auf Raub, auf der Schaffung extremster sozialer Ungleichheit, auf einem unbegrenzten Wachstum, was allein schon auf Grund der Begrenztheit der Ressourcen irre und unmöglich erscheinen muss und welches seinem Wesen nach also stets an dem Ast sägen wird, auf welchem die gesamte Menschheit Platz genommen hat. Dass wir dieses ökonomische System hinter uns lassen sollten, ist keine ideologische oder moralische Frage. Angesichts der globalen Probleme, vor denen wir als Menschheit stehen, ist die Überwindung dieser Verhältnisse schlichtweg eine Frage des Überlebens.[1]

Schade, dass ich das erklären muss.

1    Christine Prayon: „Abschiedstour". Westend Verlag 2022. Lektorat: Gabriele Konopke ;-)

| Von: | Gabi <gabriele@gmail.com> | 27.01.2023, 11:53 |
|------|---------------------------|-------------------|
| An: | Mich <chy255bx+vrlg@secure.mailbox.org> | |
| Betreff: | Re: Re: Re: Re: Re: Re: Re: Re: Re: Re: Re: Re: Re: Re: Kapitel 1 | |

musst du nicht erklären. der zahnpasta-gag bringts beser auf den punkt. problem: ein kleines buch an ein großes dranzuhängen kostet zeit, aufwand, geld. das können wir nicht gratis mitleifern. und bevor du jetzt vorschlägst, das „große"buch einfach teurer zu verkaufen, um die kosten des kleien mitabzudecken, gebe ich zu bedenken, dass bei einem höheren buchpreis die zahl der verkauften exemlare natürlich entsprechend hoch sein muss, um wenn schon nicht gewinnbrigend dann doch wenigstens kostendeckend zu kalkulieren. um den verkauf anzukurzbeln müssten wir richtig pr machen, mit allem drum und dran, also das, was du am allerwenigstn magst, du müsstest dich in jede talkshow reinsetzen und dürftest nicht wie sonst, alle interviewanfragen ablehnen. außerdem wäre es dann ein absolutes must, die sozialen metzwerke zu bedienen. ohne facebook, tweitter und instagram-account brauchen wir so ein expreriment ech tnicht zu starten.

außerdem: was heißt „drantackern"? entweder das kleine buch ist an dem großen fest mit dran, dann muss es zum beispiel gestgeklebt werden, und zwar so
fest dass es sich nicht gleich bei der ersten berühreung löst, allerdings dann auch
weider nicht so fest dass es beim gewollten abtrennen hässlich oder irreparable
schäden am cover des großesn buches hinterlässt. oder es wird nicht festgelbkebt,
dann müssen beid ebücher gemeinsam in folie eingeschweißt werden. in diesem
fall können die kund*innen im laden aber nicht in den büchern blättern, was sich
wiederum bnaahcteilig auf die kaufbereitschaft ausweirkt.

es stellt sich auch die frage, wie klein das buch ist und ob es das cover des broßen
buches so verdeckt dass man selbiges nicht merh lesen kann. hat das kleine buch
ein eigens cover?inwiefern harmoniert dieses mit dem cover des großen und inf-
wiefern ergibt das in der kombination nur ein großes durcheinander? und wen man
das kleine buch vom cover her quasi identisch mit dem gorßen gesталltet, um die
optik nicht zu sören, wie erzählt man dann, dass das kleine aber inhaltich etwas
ganz anderes als das große ist?

d u kannst das klein buch natürlich auch an der hinter- statt an der vorderseite
des großes buches befestigen, um das coverproblem zu lösen, aledings verdeckst
du damti dann den klapppentext, der ganz entscheidend zum verkauf des buches
beiträgt.

was heißt überhaupt „kleines buch" wie klein darf es sein, um noch lesbar für die
kudn*innen zu sein? und wenn es klein ist, ist es auch relativ dick, denn es muss ja
eine ganze geschihte reinpasen. wie stellt man aber ein großes buch, an dem ein
kleines, dickes buch „drangetacktert" ist, ins regal einer buchhandlung, gescheige
den wie stapetl man es auf dem tisch einer buchhandung? ist das „kleine buch"
also eventuell genauso groß wie das große buch, dafüraber viel dünner, so dass
sich das buch probemlos einsortieren lässt? in diesem falls wäre wohl aber der von
dir gewüsnchte zahnpastatubeneffekt nicht mehr gegeben, da hier kein bonusding
an eiem anderen ding erkennbar dranhängt.

ansonsten finde ich die idee gar nicht schlecht.
du, denk drüber nach und entscheide einfach so,wie es sich für idch am besten
anfühlt. vom bauch gefühl her. ich meine letztendich können wir den frauenroman

natürlich auch einfach als bonusmaterial ans ende deines buches setzen weißt du wie ich meine?

lg gabi

---

| | | |
|---|---|---|
| Von: | Mir <chy255bx+vrlg@secure.mailbox.org> | 27.01.2023, 11:54 |
| An: | Gabi <gabriele@gmail.com> | |
| Betreff: | Re: Re: Re: Re: Re: Re: Re: Re: Re: Re: Re: Re: Re: Re: Re: Re: Re: Kapitel 1 | |

Oder so.

---

| | | |
|---|---|---|
| Von: | Gabi <gabriele@gmail.com> | 27.01.2023, 11:54 |
| An: | Mich <chy255bx+vrlg@secure.mailbox.org> | |
| Betreff: | Re: Re: Re: Re: Re: Re: Re: Re: Re: Re: Re: Re: Re: Re: Re: Re: Re: Kapitel 1 | |

sind mit cleo hier gleich fertig. dann hol ich mir schnell ne latte und ruf dich an okay? lg gabi

Hallo Gabi. Danke für den Anruf. Das ist mir jetzt tatsächlich tausend Mal lieber, mit dir am Telefon über… Gabi, bist du noch dran?… Gabi?… Nee, ich hör dich nur so wie von weitem… Nee… Nee, nicht besser. Du, ich ruf dich noch mal an, okay? … Ich hab gesagt, ich ruf dich noch mal an. Leg auf. Ich ruf nochmal an. Das bringt so nix. Gabi, ich weiß nicht, ob du mich noch hörst, aber ich leg jetzt auf und dann ruf ich dich… Oh.

Ja, hallo Gabi, ist jetzt besser? … Ja, ich dich auch. Super. Ja, du hattest ja gefragt wegen des Impfens, also, ob ich mich unfreiwillig… Genau… Ja… Ja… Ja… Nee… Ja… Ja… Ja… Ja… Ja… Naja, das – ja?… Ja… Ja… Mhm… Ja… Das freut mich für dich… Nee, bei mir ist das ganz anders gelaufen… Ach echt?… Nee, gar nicht. Das musst du mir erklären. Solidarität ist doch, wenn ich Menschen, die Unterstützung brauchen, diese im Rahmen meiner Möglichkeiten gewähre. Wenn ich mir nun selber körperlichen Schaden zufüge, ohne damit irgendjemandem wirklich zu helfen, ist das für mein Dafürhalten nicht Solidarität, sondern eher Masochismus oder Dummheit. Da war ja selbst das Klatschen auf dem Balkon zielführender ... Bitte? ... Ja, klar ist das eine Zuspitzung ... Warum ich es dann selber ... Weil ich in meinem Kopf stapelweise Pro- und Kontra-Infomaterial zur Impfung rumliegen hatte. Ich wusste nicht mehr, was ich denken sollte. Ich kam mit Denken auch nicht mehr weiter (ich glaube, so fühlt sich ein gewaschenes Gehirn an). Das Ganze wurde eher zu einer Angelegenheit des Glaubens. Oder meinetwegen des Fühlens. Aber mit Intuition und Religion hab ich's schon unter normalen Bedingungen nicht so, wie sollen diese beiden also im Ausnahmezustand funktionieren? Gabi? ... Ja, ich hör dich. Aber könntest du die Randkommentare weglassen? Das ist ein Telefonat, da kannst du nichts an den Rand schreiben. Ich weiß, Meta-Ebene ist nicht so dein Ding, aber es ist echt seltsam, also das passt gar nicht, von der Form her, wenn du ... Was hat dich verwirrt? Meine Sprache? Wieso? ... Nicht so was? Nicht so telefonmäßig? ... Ach, du meinst, es klang nicht nach gesprochener, sondern nach geschriebener Sprache, mhm ... Ja, dann verstehe ich das ... Okay, ich geb mir Mühe. Also, was ich sagen wollte, ich hab damals nicht nur keinen Kompass mehr gehabt, ich hab auch unter massivem sozialen Druck gestanden. Wäre dieser Druck nicht gewesen, hätte ich vielleicht klarer denken können oder mir zumindest mehr Zeit lassen können mit einer Entscheidung, aber das war ja, wenn du dich erinnerst – ja? ... Wie meinst du das? ... Überhaupt nicht. Nein. Um Entschuldigung geht's doch gar nicht. Du wolltest doch wissen, wie das bei mir mit dem Impfen damals ... Wer? ... Ja, ich kenn auch hundert Leute, die sich nicht haben impfen lassen, was willst du mir jetzt damit sagen? ... Moment mal, du warst doch auch eine von denen, die mir „ääächt" ans Herz gelegt haben, mich jetzt endlich mal ... Und jetzt findest du es 'ne schwache Leistung, dass ich dem Druck, den unter anderem Leute wie du gemacht haben, nicht standgehalten habe? Warte mal, das muss ich mir aufschreiben, so was kann ich mir nicht ausdenken ... Ja, weiß ich nicht ... hätte ich ohne Kind und mit Kohle vielleicht anders gemacht, keine Ahnung ... Ja, ich hätte ja ohne diesen Wisch gar nicht weiter arbeiten können, und ich bin zu Hause die Alleinverdienerin, weißt du ja … Nein … Nein … Da war ja überall 2G, ja selbst wenn der Veranstalter damit kein Problem hatte, ist es ja am Hotel gescheitert … Nee, beim Fernsehen noch schlimmer, ging nur mit PCR, und weißte noch, wie schwer das war, einen PCR-Test zu organisieren … Nee, konnte ich nicht, das ging ja in den meisten Testzentren irgendwann nur noch digital … Nee, hab ich immer noch nicht … Weil ich kein Smartphone WILL, och nee, Gabi, das muss ich dir jetzt aber nicht noch mal … Wieso Paranoia? Gabi, sag bitte nicht, dass du einer von diesen „Ich habe nichts zu verbergen"-Menschen bist, die … Nein, was ich damit sagen will, es wurde mir nahezu unmöglich gemacht zu arbeiten, und reden konnte man über das Thema ja sowieso kaum, ich erinnere mich noch, als einer vom Fernsehen mir anbot, über seine Connections quasi priorisiert an einen früheren Impftermin ranzukommen und ich dankend ablehnte und lachte und sagte, da wäre ich gar nicht so scharf drauf und würde lieber noch ein bisschen warten und wie der die Welt nicht mehr verstand und die Stimmung plötzlich eisig war und ICH die Welt nicht mehr verstand. Da hab ich das erste Mal zu spüren bekommen, wie das ist, wenn man nicht die gewünschte Meinung vertritt … Bitte? … Ich war nicht überzeugt, nein. Ich war aber auch nicht vom Gegenteil überzeugt … Bitte? … Gegen Masern? Wer, ich? Oder mein Kind? … Ja, natürlich sind wir gegen … EY, SAG MAL! Frag ich dich, ob du Hormonsalbe gegen die Wechseljahre benutzt? Ernsthaft, Gabi, du … Ähm, ja, freut mich für dich, das war eigentlich eher 'ne rhetorische … Nein, ich muss noch mal darauf … Ich finde, dass das damals, was heißt damals, das war Herbst 21, ich finde, dass da so ein enormer Druck auf Menschen, die sich nicht haben impfen lassen, ausgeübt worden ist, das war eine ausgeprägte Form von Diskriminierung. In jedem anderen Fall hätte es einen Aufschrei gegeben, wenn so viele Menschen aufgrund ihrer Hautfarbe oder ihres Geschlechts oder ihrer sexuellen Orientierung oder was auch immer gesellschaftlich derart ausgeschlossen worden wären. Da haben vor allem die Medien ganze Arbeit geleistet … Ja, mhm, ich weiß, Gabi, ich kenne die Stellen, wo du SA an den Rand schreiben möchtest, aber Gabi, du, nur, weil ich aus guten Gründen etwas kritisiere, was auch von zweifelhafter Seite kritisiert wird, macht das die Kritik nicht weniger notwendig und mich nicht weniger vertrauenswürdig … Nee … Lass mich mal bitte ausreden. Das ist doch jetzt ein Gespräch zwischen uns beiden. Das ist doch keine öffentliche Stellungnahme, wo ich mich nach so einer Aussage beeilen muss, gleich hinzuzufügen, dass ich nichts mit AfD und Konsorten am Hut habe … Nein, ich will dich gar nicht belehren. Ich fänd's nur toll, wenn wir noch miteinander REDEN und unterschiedlicher Meinung sein dürfen, ohne dass … Nein, das stimmt nicht … Nein, natürlich wird hier niemand umgebracht, der seine Meinung … Das mein' ich, warum sagst du das jetzt mit so 'nem ironischen Unterton … Na, wie du das gerade gesagt hast – „Meinungsdiktatur", „Lügenpresse" … Das ist richtig, hier geht keiner in den Knast, wenn er … Darum geht's doch gar nicht, Gabi. Du musst hier niemanden wegsperren oder umbringen. Du erledigst die Leute ganz anders, viel subtiler. Du schiebst sie in irgendeine Ecke, rechts, esoterisch, querdenkend oder einfach idiotisch, machst sie medial fertig, und das geht mit JEDEM und JEDER, auch mit Leuten, die vorher zum Mainstream oder zum Establishment gezählt haben. Du diffamierst sie, gibst sie der Lächerlichkeit preis. Du sagst allen, dass die jetzt auf der falschen Seite stehen. Das ist viel besser als umbringen, denn das darf man ungestraft, Leute gesellschaftlich kalt machen, und das Krasse ist, das wurde alles bei Corona eingeübt, und das wird jetzt beim Krieg unhinterfragt fortgesetzt. Ist es nicht sogar dasselbe Personal, das damals wie heute hetzt? Verrückt alles, völlig verrückt, weißt du. Bis vor drei Jahren hab ich noch Applaus gekriegt, wenn ich den Herrschenden die Hosen runtergezogen habe. Jetzt ist das auf einmal nicht mehr sexy. Jetzt muss man auf Regierungslinie sein, SOGAR IN DER SATIRE! Hoppla, hallo, wenn ich kritische Töne hören will, werde ich kaum mehr im Kabarett fündig, vor allem nicht bei dem, was im Fernsehen als Satire verkauft wird – da unterhalte ich mich wirklich lieber mit unserem Hausmeister oder meiner Physiotherapeutin. Weißt du, es wird immer so gerne darüber diskutiert, was Satire darf. Ich finde die Frage völlig bescheuert. Viel interessanter ist doch, was Satire KANN! Aber in diesem Land redet man lieber über Grenzen als über Möglichkeiten. Da fällt mir noch so ein Satz ein, den ich ständig höre: „Kinder brauchen Grenzen." Den liiiiiieben die Deutschen. Weil man dann nicht darüber reden muss, dass Kinder vor allem Freiheit brauchen. Aber das ist viel schwieriger, darüber zu reden. Freiheit bedeutet Verantwortung. Bei Kindern und in der Satire. Und das ist nicht so leicht wie das Begrenzen. Begrenzen ist dem Deutschen sein Sex. Weißt du, was ich meine? … Gabi? … Hallo? … Och nö …

Ja, hallo, Gabi, das ist, glaube ich, das Netz hier. Ich hab das öfter, wenn … Ach so! Wie? Du hast aufgelegt? … Ääh, okay. Wow … Warum genau? … Ja … Ja … Ja … Aha … Mhm … Ja … Ja … Ja … Ja … Ja … Ja ……………………………………………Mhm ……………… …………………………………………………………………… …………………………………………Mhm ……………………………… …………………………………………………………………………… …………………………………………………………………………… ………………………………………………………………… ……

.. Ja, ich bin noch dran …………………………………………………… …………………... ………………………………………………………… ………………………………………………….. Ja … Du … Lass gut sein … Bitte? … Oh, das ist ja ’ne steile These. Das klingt ja, als hätte ich mir die Krankheit gewünscht … Ja, mein Hausarzt hat auch so was gesagt. Self-fulfilling prophecy … Also hab ich Post Vac, weil ich die Impfung innerlich abgelehnt habe, richtig? … Mhm … Mhm … Mhm. Stopp. Stopp, Gabi. Ich bin nicht aus allem raus, weil ich aus allem raus sein WILL. Ich würde meinen Beruf sehr gerne weiter … Das ist eine Verdrehung von Ursache und … Was heißt, das macht dich fertig? Was musst du denn ertragen? … Wie du dich fühlst? … Ja … Nein, ist mir nicht egal, aber … Worum geht’s denn gerade … Bitte? … Waas?? „Die Basis für unsere weitere Zusammenarbeit“ – was soll denn das heißen? Gabi, kannst du mir mal bitte sagen, was jetzt los ist?? … „Nicht vereinbar mit den freiheitlich-demokratischen Grundwerten des Verlags“? Sag mal, geht’s ’ne Nummer kleiner? … Warum ich alles wiederhole, was du …? Weil ich fassungslos bin, Gabi! Und natürlich aus dramaturgischen Gründen, damit die Leser und Leserinnen mitkriegen, was du sagst … Vergiss es, hab ’nen Spaß gemacht, nee, war wieder so’n Meta-Ding, das magst du ja eh nicht, aber gut, kann dir ja jetzt egal sein, wenn wir eh nicht mehr miteinandäääääääääh ….. *(hick)* buäääääääääääääääääääääääääääääääh …. *(schnief)* … wääääääääääh … Gabi, das kannst du echt nicht … Gabi, bist du noch dran? … Das kannst du echt nicht bringen. Nicht heute, wo ich gerade heute Morgen die Mail ans Fernsehen geschickt habe, dass ich nicht mehr weitermachen möchte … Welche Sendung? Ernsthaft, Gabi? Welche Sendung? … WIESO ich das …? Gabi, ich weiß gar nicht, worüber wir hier die ganze Zeit reden. Es ging nicht mehr. Ich muss das doch vertreten können, was ich da im Öffentlich-Rechtlichen … Was heißt denn „Siehste" … Nein, ich WILL nicht aus allem raus sein … Was heißt denn „Wenn du dir das leisten kannst"? … Nein, kann ich nicht. Ich kann es mir nicht leisten. Ich leiste es mir! Ja, ich hab noch mal in meinem Jobprofil nachgelesen. Da steht irgendwas von „Glaubwürdigkeit" … Ja, Gabi, das macht mir riesigen Spaß. Könnte ich jeden Tag machen, meine Existenzängste vergrößern. Das gibt mir das nötige Adrenalin … Ob ich was? Jetzt auch eine von den Ultras bin, die per se gegen alles, was Mainstream … Ja, natürlich, Gabi. Du, es liegt wahrscheinlich an diesem blöden Post Vac oder Post Covid. Da sind ja neurologisch so komische Punkte im Gehirn festgestellt worden. Ich vermute mal, ich bin einfach zum Vollpfosten mutiert … Wie bitte? … Ja, tut mir leid, ich kann seitdem auch nur noch ironisch. Mann, Gabi, hör doch mal auf, das ist doch alles zum buäää-ääääääääääääääääh … Gabi, heute ist kein guter Tag zum Schlussmachen. Können wir nicht … Was sagst du? … Auszeit … Ja … Ja … Mhm … Ja, aber wir wollten das Buch doch noch im Herbst … Ja … Mhm … Verstehe … Also übernächstes Frühjahr – vielleicht … Okay, verstehe … Brauchst jetzt erst mal Abstand … Nee, ich hab's nur noch mal wiederholt, damit die Leser … ach, vergiss es, nee, können wir so machen … Nur noch mal zum Verständnis: Ich würde das ja alles gar nicht so schreiben. Das sind ja Sachen, die sag ich dir unter vier Augen, beziehungsweise Ohren. Das muss ja gar nicht so explizit ins Buch rein, um Himmels Willen. Ich hab schließlich auch keine Lust, nachher in die Schwurblerecke … Weißt du, was ich meine … Ich will ja nur, dass WIR miteinander Klartext reden … Was dann letztendlich ins Buch reinkommt, müssen wir gucken, das können wir ja auch in Absprache … Verstehe … Na ja, ich dachte, du fandest es gerade wichtig, dass ich als Betroffene meine eigene Sicht auf die Dinge schildere. DU hast doch gesagt, dass jede Forderung abstrakt bleibt, wenn nicht ein konkreter Mensch und dessen konkrete Geschichte, dessen Beispiel damit verbunden wird. DU wolltest doch, dass ich als – Zitat – „Medienfrau" auf das Thema Long Covid aufmerksam mache … Ach so, du bist von einer anderen Sicht auf die Dinge ausgegangen … Du, ich kann das Thema auch ganz weglassen und lieber über … Was ist denn eigentlich mit der Scarlett-Schlötzmann-Biografie? Da hast du noch gar nichts zu gesagt. Wäre das nicht die viel bessere … Verstehe … Bitte? Die Maus Dieter? Na, die hab ich doch versteckt … Na klar, die war doch auch so konzipiert, als Such- und Findespaß … Na, dann musst du noch mal richtig … Bitte?… Ach so … Ja … Mhm … Nee, dann lass ich dich jetzt erst mal … Meld dich einfach, wenn es dir wieder besser geht. Dann sag ich mal Tschüss und … Gabi? … Oh.

| Von: | Mir <chy255bx+vrlg@secure.mailbox.org> | 19.02.2023, 15:04 |
|---|---|---|
| An: | Gabi <gabriele@gmail.com> | |
| Betreff: | Lebenszeichen | |

Liebe Gabi,

ich habe jetzt drei Wochen nichts von Dir gehört, und da wollte ich mal fragen, wie lange Deine Pause noch geht. Zwinkersmiley.

Anbei ein Entwurf für das erste Kapitel. Für Randkommentare bitte ausdrucken und wie immer per Post.

Herzlich,

Christine

*Achtung Triggerwarnung:*

*Die Autorin nimmt in dem folgenden Kapitel Bezug auf gesellschaftliche und welt-politische Ereignisse der letzten Jahre, die viele Menschen teilweise stark traumati-siert haben. Um welche Ereignisse es sich konkret handelt, wird hier bewusst nicht erwähnt, um einer Retraumatisierung durch die Benennung der Ereignisse bezie-hungsweise durch die allgemeine Bezugnahme darauf vorzubeugen. Auch der Ton, in dem die Autorin diesbezüglich über ihren ganz individuellen, sehr persönlichen und sensiblen Erfahrungskontext spricht, könnte möglicherweise verstörend ehrlich sein. Eine eventuelle Identifikation mit der Autorin bei der Lektüre des ersten Kapitels könnte außerdem zur Folge haben, dass Leser\*innen mit labiler Gemütsverfassung die Sichtweise der Autorin adaptieren und dadurch die eigene Position und Persön-lichkeit gefährden und destabilisieren.*

*Abgesehen von den hier aufgeführten Risiken bezüglich Inhalt, Sprache und Haltung wird die Form des folgenden Textes (autobiografischer Sachtext) als bedenkenlos ein-gestuft.*

*Achtung: Diese Hinweise gelten nur und ausschließlich für Kapitel 1!*
*Bitte informieren Sie sich anhand der den einzelnen Kapiteln vorangestellten Trigger-warnungen jeweils sorgfältig über Risiken und Nebenwirkungen des darauffolgenden Textes und vermeiden Sie bei Unsicherheiten lieber die weitere Lektüre. Im Zweifels-fall wird empfohlen, kritische Passagen von Ihnen vertrauten Personen vorher test-lesen zu lassen.*

*Viel Freude mit dem Buch Ihrer Wahl!*

# Kapitel 1

Mein Name ist Christine Prayon.

Als Satirikerin sehe ich es als meine Aufgabe, Menschen da wachzurütteln, wo ihnen der Schlafsand die Sicht vernebelt, sie mit klarem Kopf und scharfem Geist da aufzuklären, wo möglicherweise Hintergrundwissen fehlt und vor allem: ihnen einen moralischen Kompass an die Hand zu geben, damit sie sich im Dickicht der Falschinformationen, der Fehlmeinungen und des Hassdenkens an etwas festhalten und orientieren können.

Das alles mit einem Augenzwinkern, denn Augenzwinkern ist – gerade in der heutigen Zeit – so wichtig, weil das Augenzwinkern der freundliche Bruder des Augenverschließens ist und freundliche Brüder können wir, denke ich, so wie die Dinge stehen, alle gut gebrauchen.

Auch ich war früher auf einem falschen Weg und hätte mir einen freundlichen Bruder gewünscht, der mich an die Hand nimmt und mir sagt, wo es langgeht. Ich dachte in den Anfangsjahren meiner beruflichen Laufbahn, als Kabarettistin müsste ich immer und per se gegen das sein, was die herrschende Klasse sagt. Ich hielt es für meine Aufgabe, ja sogar für eine Art Berufsethos, auf der Seite der Ohnmächtigen zu stehen und meine „Witze" nur auf Kosten der Mächtigen in Politik, Wirtschaft und Medien zu machen.

Wie einseitig, wie oberflächlich, ja, wie dumm das von mir war, begriff ich leider erst sehr spät. Es ist wohlfeil, Politiker*innen zu beschimpfen, wenn man es doch selber nicht besser weiß. Es gibt kein Richtig und Falsch, so wie es auch nicht wirklich links oder rechts gibt. Es gibt nur individuelle Menschen mit ihrem ganz individuellen Verhalten, welches sich selbstverständlich immer am Konkreten misst. Wer in Kategorien wie „System", „Klasse", „Partei" und so weiter denkt, macht es sich einfach. Ich habe es mir jahrelang einfach gemacht. Einteilungen in „links" und „rechts" waren für mich an der Tagesordnung. Sie waren der Maßstab für „emanzipierte" oder „rückwärtsgewandte" Politik.

Aber so einfach ist es nicht. Das haben mir die letzten Jahre, die Zeit der Pandemie und des Krieges schmerzhaft bewusst gemacht. Sicher sind Fehler gemacht worden. Selbstverständlich. Schließlich war es für unsere Politiker*innen auch die erste Pandemie, für einige sogar ihr erster Krieg. Auch unsere Journalist*innen sind selten vor vergleichbare Herausforderungen gestellt worden. Da ist es nur allzu menschlich, dass mit so mancher Entscheidung, so manchem Leitartikel auch mal über das Ziel hinausgeschossen wurde.

Viel wird dieser Tage von der Spaltung der Gesellschaft geredet, von der Verunmöglichung politischer Debatten. Ich denke – bei aller durchaus vorhandenen Problematik –, man kann so eine Spaltung auch herbeireden, ja manchmal kommt es mir sogar so vor, als hätten ausgerechnet die, die am lautesten „Spalter!" rufen, diese „Spaltung" geradezu heraufbeschworen oder sie sich am Ende gar gewünscht.

Um es an einem konkreten Beispiel zu verdeutlichen:

Ich hatte mich bisher gemütlich und fast schon plump-pazifistisch darin eingerichtet, Krieg per se abzulehnen, und so war es natürlich für mich unhinterfragt gesetzt, quasi Ehrensache, auch „gegen" den aktuellen Krieg in der Ukraine zu sein und somit gegen Waffenlieferungen an die Ukrainer*innen.

Dass dieser Krieg sich allerdings deutlich von anderen Kriegen unterscheidet und Waffenlieferungen deshalb in diesem speziellen Fall durchaus zu rechtfertigen sind, ist mir erst klargeworden, nachdem ich über Monate hinweg zahlreiche Zeitungsartikel und Rundfunkbeiträge gelesen und gesehen habe, die im Grunde alle dasselbe verdeutlichen: Für diesen Krieg ist (anders als in anderen Kriegen!) einzig und allein eine Seite verantwortlich. Da gibt es nichts zu diskutieren, nichts, gar nichts. Wenn es sich, wie in diesem absoluten Ausnahmefall um einen so ungewöhnlich brutalen Aggressor handelt, ist auch keine diplomatische Lösung möglich (was uns, also allen anderen, natürlich eigentlich und sonst immer die liebste Lösung wäre). Die Sprache der Diplomatie versteht ein so offensichtlich Wahnsinniger aber leider nicht, oder er will sie nicht verstehen. Und so sind wir, wenn wir an einem echten, nachhaltigen Frieden interessiert sind, dazu gezwungen, diesen Berserker zu besiegen, so hart das klingen mag. Das hat nicht zuletzt auch etwas mit unserer Verantwortung zu tun, mit der Pflicht, aus unserer ganz persönlichen, eigenen deutschen Geschichte zu lernen. Wer, wenn nicht wir, weiß, was ein Ausnahmekrieg ist.

Es ist eine Frage der Moral, die richtige Seite im Kampf gegen das Böse zu unterstützen, und das gilt – so viel ist mir jetzt klar geworden – für diesen Krieg in einem besonderen Maße, weil es eben ein sehr spezieller Krieg mit einer so selten eindeutigen Rollenverteilung ist, dass er sich eben nicht mit normalen Kriegen vergleichen lässt.

Viel von dem, was man bei „denen da oben" kritisiert, sollte man auch mal bei sich selbst überprüfen. Ich wage zu bezweifeln, dass es viele Menschen gibt, die sich – wären sie in der Position eines Gesundheitsministers oder einer Außenministerin – anders verhalten würden. Um das so zu sehen, musste ich aber erst alte, mir lieb gewordene Denkstrukturen erkennen und abstreifen, um überhaupt mal eine andere Perspektive einnehmen zu können.

Was mir in dieser Zeit klargeworden ist:

Wir kommen als Gesellschaft nicht weiter, wenn wir uns jetzt unsere Fehler und Versäumnisse gegenseitig aufrechnen, ganz gleich, ob es sich um hygienische oder militärische Fehler handelt. Lieber sollten wir uns in Vergebung üben, denn rückblickend lässt sich ja auch aus unseren Fehlern lernen.

Meine Erkrankung hat mir meine Grenzen bewusst gemacht. Täglich sendet mein Körper mir bei Überforderung und Stress Warnsignale, damit ich nicht wieder in den „roten Bereich" gelange und mir selbst und dann natürlich auch anderen schade.

Ich begreife diese Krankheit als Chance, und ich kann dadurch Empathie aufbringen für Menschen, denen diese Chance nicht gegeben ist. Dazu zählen vor allem Menschen, die permanent in den „roten Bereich" gelangen, weil sie zum einen in einem Maße Verantwortung tragen, das sehr belastend sein kann, und weil es zum anderen zu ihrem Job einfach dazu gehört, rote Linien zu überschreiten. Ich rede von Menschen, die gerade in den letzten Jahren große Entscheidungen treffen mussten, und die neben ihrer Tätigkeit in Politik, Wirtschaft, Medien und Co. ja auch noch die vielen kleinen Sorgen und Nöte managen müssen, die wir normalen Menschen auch haben, nur dass man manchmal vergisst, dass diese von uns nur allzu oft und gerne heftig kritisierten Entscheidungsträger*innen eben auch ein Privatleben haben.

Ich habe durch ritualisierte Achtsamkeitsübungen, spezielle Atemtechniken und eine komplette Ernährungsumstellung gelernt, mich und andere besser wahrzunehmen und Negatives loszulassen. Auch das, was ich früher ganz stolz als „Haltung" oder „Überzeugung" vor mir hertrug oder mich gar damit identifizierte, kann ich nun ohne Angst ziehen lassen.

Und siehe da: Wie angenehm lebt es sich, nicht ständig in Zweifel ziehen zu müssen, was politisch entschieden und medial weitervermittelt wird. Nicht überall „das Böse" respektive „den frei drehenden Turbo-Kapitalismus" zu vermuten. Mal davon auszugehen, dass Politiker*innen in der Regel tatsächlich das Beste für uns, ihre Wähler*innen, wollen (Ausnahmen bestätigen sicherlich die Regel), und dass Journalist*innen tatsächlich aufklären und informieren möchten, objektiv und kritisch selbstverständlich, ungeachtet dessen, was sich verkauft und was nicht.

Die Dinge so zu betrachten führt zu innerer Ruhe. Nicht nur mein Körper muss lernen, wo seine Grenzen sind, auch mein Geist hat schließlich seine Grenzen. Das wusste ich bisher nicht. Das zu akzeptieren heißt Veränderung zuzulassen. Endlich kann meine Heilung beginnen.

Dies ist nicht die Geschichte meiner Krankheit. Dies ist die Geschichte meiner Heilung. Ich erzähle sie Euch in der festen Überzeugung, dass Jede*r geheilt werden kann – wenn sie/er dafür bereit ist!

Von:    Gabi <gabriele@gmail.com>                    20.02.2023, 16:45
An:     Mich <chy255bx+vrlg@secure.mailbox.org>
Betreff:   now we're talking

hey

hatte nach unserem letzten ding irgendwie wenig antrieb mich zu melden aber das ist jetzt wirklcih geil. viellen vielen dank. mir fehlen die worte.genau das meinte ich die ganze zeit. jetzt hast du „es". in diesem sine bitte weiter und dann bringen wir im herbst ein richtig feines buchi raus :-):-). soll ich termine mit riverboart und maischberger machen?

lgg


Von:    Mir <chy255bx+vrlg@secure.mailbox.org>        20.02.2023, 17:23
An:     Gabi <gabriele@gmail.com>
Betreff:   Re: now we're talking

Liebe Gabi,

das freut mich enorm.

Merkt man gleich von Anfang an, dass es Satire ist, oder geht man mir erst mal auf den Leim?

(Ich hatte Sorge, dass es ein bisschen „too much" sein könnte. Vor allem an der Stelle, an der ich die „Prinzipien der Kriegspropaganda" von Anne Morelli negiere und so tue, als wäre bei diesem Krieg alles anders. Spätestens da müsste ja dem letzten Auf-der-Leitung-Steher auffallen, dass ich das alles nicht ernst meine, oder?)

| Von: | Gabi <gabriele@gmail.com> | 20.02.2023, 17:28 |
| An: | Mich <chy255bx+vrlg@secure.mailbox.org> | |
| Betreff: | Re: Re: now we're talking | |

momentmal das ist satire???

| Von: | Mir <chy255bx+vrlg@secure.mailbox.org> | 20.02.2023, 17:31 |
| An: | Gabi <gabriele@gmail.com> | |
| Betreff: | Re: Re: Re: now we're talking | |

Hihi, alles klar. Zwinkersmiley.
Soll ich mich dann mal gleich ans zweite Kapitel machen, oder willst Du erst noch ein paar Anmerkungen schicken?

Liebe Grüße

Christine

| Von: | Mir <chy255bx+vrlg@secure.mailbox.org> | 23.02.2023, 11:01 |
| An: | Gabi <gabriele@gmail.com> | |
| Betreff: | drei Tage später | |

Gabi?

| Von: | Gabi <gabriele@gmail.com> | 16.03.2023, 09:41 |
| An: | Mich <chy255bx+vrlg@secure.mailbox.org> | |
| Betreff: | Kapitel 1 | |

HAMMER!!!
komm mal her du powerfrau und lass dich virutuell knutschen. ich hab esgerade eben gelesen und schon in diesen wenigen ersten mintuen deines romans eine achternahnfahrt der gefühlte erlebt. musste echt laut lachen, hab mich soooo vie-

lem wiedergefunden, in einigem peinlcih ertappt gefühlt, in anderem so gut verstanden wie beim gesprcäh mit der besen freundin und dann auch noch ein trän-
chen verdrückt.

wie du es schaffs,t auf so eine erfrischend-erhliche und dabei immer licker-leichte
art die zielgruppe genau da abzuholen wo sie steht, das ist fantsatsch und ja, ganz
große kunst. das muss dir erst mal jemand nachmachen. kenne eigentlich keine
vergleichbare autorin die dir vor allem in punkto spannbreite, das wassser reichen
kann. naja das hörst du ja sicherlich nicht zum ersten mla. nicht umsonst stehst du
da wo du mittlerweile stehst. und zwar verdient!

chapeau chaupeau chauperau

jetzt sei so lieb und lass mich nicht so lange auf dem trockenen sitzen ich willl
uuuuunbedingt wissen wie es weitergeht. gib mi kapitel 2 ich bin süchtig ♥♥♥!!!

glg gabi

ps: sind 20.000 anzahrlung okay?

| | | |
|---|---|---|
| Von: | Mir <chy255bx+vrlg@secure.mailbox.org> | 16.03.2023, 11:20 |
| An: | Gabi <gabriele@gmail.com> | |
| Betreff: | Re: Kapitel 1 | |

?

PS: Ja, 20.000 passen fürs Erste.

| | | |
|---|---|---|
| Von: | Gabi <gabriele@gmail.com> | 16.03.2023, 11:26 |
| An: | Mich <chy255bx+vrlg@secure.mailbox.org> | |
| Betreff: | Re: Re: Kapitel 1 | |

ach mist die solle nicht an dich gehen.blöd. war für cleo gedacht.
melde mihc die tage mal ist gerade viel.

lgg

ps: bitte mail an cleo löschen wg. sensiblen daten (anzahlung

**Kapitel 1**

Kapitel 1

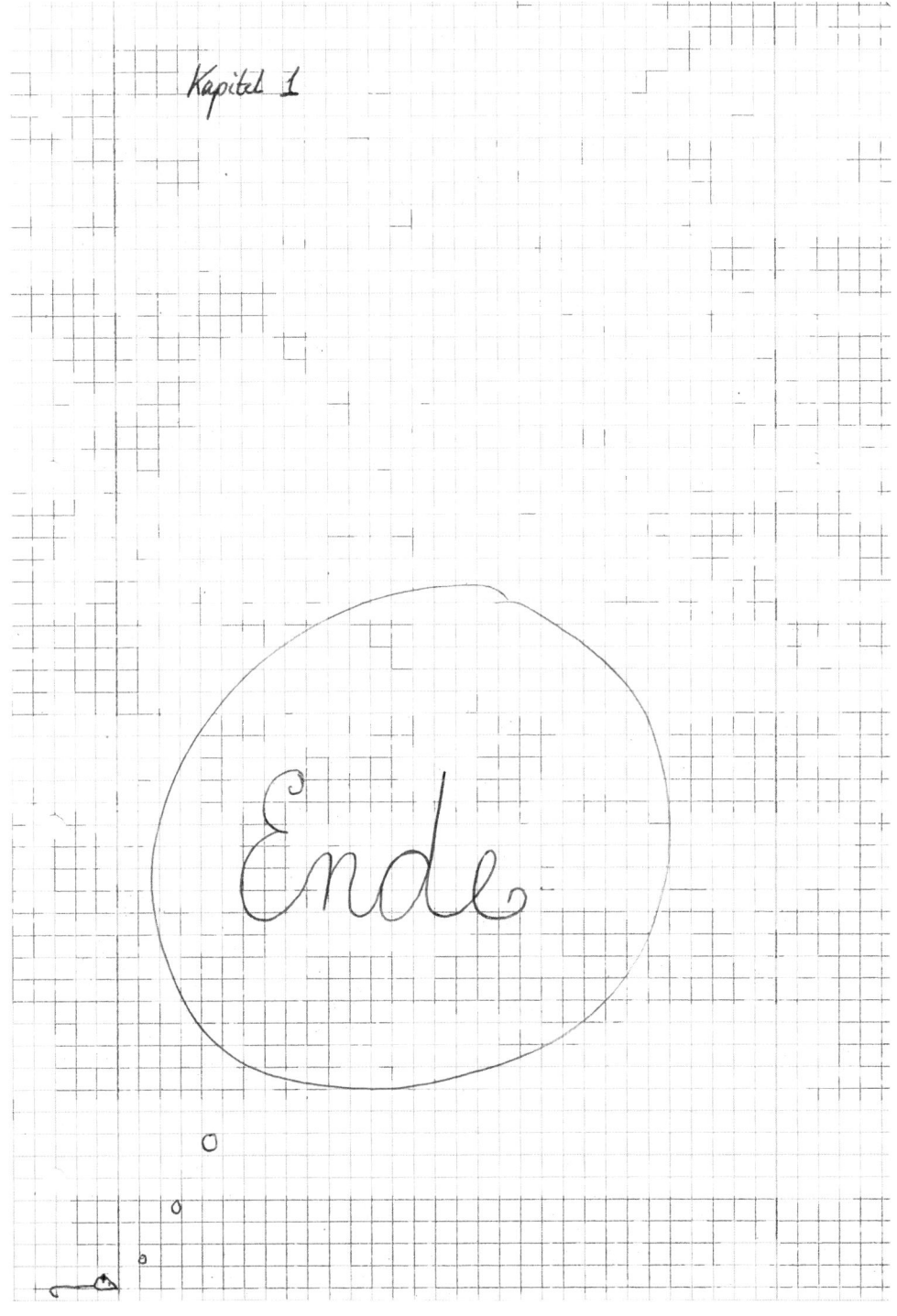

# Bonusmaterial:

## Aufregung und Sahne

von Cleo Klepsch

## Kapitel 1

Es würde das perfekte Wochenende werden.

Die Koffer waren gepackt und Annalena spürte in sich selbst eine Mischung aus überbrodelnder Aufgeregtheit und, wenn sie ehrlich war, auch etwas Nervosität. Fast hätte sie wieder das leidige Fingerkauen angefangen, welches sie sich letztes Jahr mühvoll mit diesem Youtube-Tutorial „Ein Herz für Nägel" abtrainiert hatte.

Viele Sorgen überrannten sie auf einmal. Was, wenn ich nicht alles eingepackt habe? Schnell durchprüfte sie noch einmal alle Koffer. Es schien alles dabei: die luftig-leichte Strandtunika, der sexy Tankini, in dem man ihr ihre 45 Jahre nicht mal halbwegs im Traum angemerkt hätte, das kleine Schwarze für das geplante Gala-Dinner, die kuscheligen Kuschelsocken für die geplanten Kaminabende und ihr Lieblingsschmöker für kuschelige Abende, an denen Rafed und sie mal ein Päuschen vom vielen gemütlichen Lachen und Herumfeiern benötigen könnten.

Bei der Vorstellung daran musste sie unmissverständlich schmunzeln. Wie viele solcher wunderbarer Kuschelfeiererhol-Wochenenden hatten sie und ihr bester

Freund Rafed schon in ihrem Leben erlebt? Und wie viele würden sie noch erleben?

Mit Rafed ließ sich alles doppelt so gut erleben. Er war wie eine beste Freundin, nur dass er Annalenas bester Freund war. Mit ihm ließen sich durch dick und dünn verschiedene Pferde stehlen. Vielleicht lag das auch vor allem an seiner syrischen Ethnie, die Annalena besonders liebevoll fand. Er war nicht so langweilig wie ihre anderen besten Freund*innen, sondern hatte etwas Anderes an sich. Viel hatte Rafed ihr noch gar nicht über seine damalige Herkunft erzählt. Das musste er aber auch gar nicht, denn sie hatten auch so fast immer eine gute Zeit und da war es ihnen, jedenfalls Annalena zumindest, ganz egal, woher dies und das oder Eine*r kam.

Rafed war crazy, und das war es, worauf es ankam. Seine Crazyheit hatte aller Möglichkeit nach mit seinem Beruf zu tun, denn er war Schauspieler, was umso verrückter war, als dass Annalena ihn zum ersten Mal vor fünf Jahren in einer Boulevard-Komödie in einem sehr kleinen, charmant-boulevardesken Theater in Kreuzberg in einer Rolle gesehen hatte, in der er mit einer ergreifenden Leidenschaftsart voller hingebungsvoller Anteilnahme einen etwas tollpatschigen, rührenden Flüchtling spielte, der sich in die sehr coole, toughe Helferin für Flüchtlinge namens – Trommelwirbel! - Annalena verliebte.

Annalena „verliebte" sich daraufolgend in Rafed und seitdem waren sie absolut untrennbar. Was praktisch war, war, dass Rafed irgendetwas im LGBTQ-Spektrum war, so dass Annalena nie befürchten musste, dass ihnen irgendwann Sex in die Quere schießen und ihre wunderbare Freundschaft zerstören würde.

Im Gegensatz! Rafed war die beste beste Freundin, die man sich wünschen konnte. Er kannte die angesagtesten Beauty-Influencer*innen aus Instagram und konnte Annalena immer mit den besten Schminktipps aus der Klemme befreien. Sie andererseits fühlte sich in seiner Präsenz so herrlich „unbeamtig", wie sie es nannte, und nannte Rafed deshalb manchmal voller Liebenswürdigkeit ihren „fahrenden Volker", weil er ihr mit seinem völlig abgefahrenen Künstler*innenleben manchmal vorkam wie verrücktes fahrendes Volk oder Gaukler*innen aus dem Mittelalter, die zwar arm waren, aber dafür ein Leben voller abgefahrener Ausschweifungen ausschöpfen konnten, worauf sie insgeheim immer ein wenig neidisch war, wenn sie ehrlich in sich hereinhorchte.

Es hätte ewig so weitergehen können mit ihren Gedankengängen über Freundschaft, Sex und Liebe, als ein jähes Türklingeln sie aus ihren diversen Gedankengängen riss.

Das Taxi zum Flughafen!

Es war wirklich krass: Sie hatte bei aller Nachgrübelei gar nicht gemerkt, wie die Zeit einfach unbemerkt vorbeigerast war. Schnell schob sie den Koffer mit dem Strandoutfit, den Koffer mit den Kuschelsocken, den Koffer mit den Anziehsachen für besondere Angelegenheiten, den Koffer mit dem Schmöker, den Schminkkoffer und den Koffer mit ihrer Handtasche in den Hausflur. Weil sie es sehr eilig hatte, wollte sie am liebsten gleich auf der Stelle die Tür öffnen, denn das hätte zu ihrer wahnsinnigen Eile gepasst. Aber stattdessen passierte etwas völlig Anderes.

Als sie schon mit ihrer Hand auf dem Weg zu der Klinke ihrer Haustür war, fiel ihr Blick, wie als ob es völlig ungeplanter Zufall wäre, in den hübschen Art-déco-Spiegel, den Gero ihr damals zu ihrem ersten Hochzeitstag geschenkt hatte und der nichtsdestotrotz ihrer Scheidung vor zwei Jahren immer noch direkt neben der Haustür hing. Annalena erhaschte ihr Porträt im Spiegel und musste unverweigert schmunzeln. Das Spiegelbild spiegelte ihr eine extrem eilige Frau, deren Gesichtszüge durch den vielen Stress Züge von enormer Mitleidenschaft enthielten. Spontan rief sie aus: „Leidenschaft ja, Mitleidenschaft niemals!"

Lachend glättete sie die sorgengefaltete Stirn. Ihre bernsteinfarbenen Augen, die feine Nofretete-Nase und ihr vollmundiger Mund verliehen ihr mal wieder sehr viel Attraktivität. Sie selbst sah sich zwar immer unter einem kritischen Licht, aber all ihre Freunde, nicht nur Rafed, der ja sozusagen Schönheitsexperte war, sondern auch alle anderen, sagten ihr quasi andauernd, dass sie locker für 30 gehalten werden konnte, von Weitem sogar für 27. Außerdem sagten alle auch ständig, dass sie nicht verstehen konnten, wie eine so dermaßen attraktive Schönheit wie Annalena noch nicht längst vom Fleck weg geheiratet worden war, da draußen liefen doch schlussendlich haufenweise nette Zahnärzte oder Rechtsanwälte herum, die sich bestimmt in ihren wildesten Leidenschaften danach verschlangen, eine Frau wie Annalena ihr Eigenes nennen zu dürfen. Aber Annalena war keine Frau, die sich einfach so heiraten lassen wollte. Sie wollte mehr. Sie war sogar noch fortschrittlicher.

Wo sie gerade dabei war, über Liebe, Sex und Freundschaft nachzudenken, konnte sie ja auch gleich über ihr Leben nachdenken, woraufhin sie diesem Vorschlag folgte und es tat. Sie fand, dass sie noch viel mehr erleben könnte, wenn sie es nur endlich in Anlauf nahm. Wenn das Leben ihr weiterhin so gut zuspielte, was die Gene betraf, stünden ihr noch hervorragende Abenteuer bevor. Wer weiß, vielleicht sogar mal mit etwas ganz Anderem als einem Mann? Alles schien ihr möglich, selbst die unmöglichsten Dinge, denn sie fühlte sich intensiv und alles andere als gefühlskalt. Schlussendlich konnte das ja noch nicht alles gewesen sein: ihre gelangweilte Ehe mit Gero, den sie auf der Uni kennengelernt und der sie jetzt wegen einer Jüngeren verlassen hatte (Was für ein Klischee! Annalena hasste Klischees fast so sehr wie Ungerechtigkeit, Krieg und Marzipankartoffeln.), ihr gemeinsamer Sohn Leonard, den sie zwar in der Regel mehr mochte als andere Kinder, der aber auch ein sehr spezialisiertes Kind war, welches sie mitunter bis an den Rand ihrer Gemütlichkeit trieb. Ihr Beruf, als Erdkunde- und Lateinlehrerin an einem altsprachlichen Gymnasium, für den sie in den Anfangsjahren voller Feuer brannte, weil sie schon immer über alle Gebühren gerne irgendetwas mit Menschen machen wollte. Nur dass dann, nach den Anfangsjahren, als ungefähr die mittleren Jahre anfingen, ihr schlaghaft auffiel, dass sie doch lieber irgendetwas mit ganz anderen Menschen machen würde. Ihre Schüler*innen behandelten sie manchmal mit einer Mischung aus Sympathie und Antipathie. Annalena empfand dies als Ungerechtigkeit, da sie selber ein sehr sympathischer Mensch war, vor allem was ihre Persönlichkeit betraf.

Ein Klingelton riss Annalena aus ihren nachdenklichen Gedanken. Das Taxi!

Sie riss die Tür auf. Mit einem Mal erstarrte sie. Es war gänzlich anders gekommen, als sie es sich in ihren verrücktesten Träumen ausgemalt hatte. Da stand kein*e Taxifahrer*in, obwohl sie noch so sehr davon ausgegangen war. Da stand Frau Käpsle.

„Guten Morgen, Frau Grün. Entschuldigen Sie, wenn ich Sie störe. Ich hoffe, ich störe Sie nicht, ja, was wollen Sie denn mit den vielen Koffern, sagen Sie bloß, Sie fahren in Urlaub. Nein, wie schön für Sie! Sie haben das ja auch mal bitter nötig, nicht wahr? Soll ich die Blumen gießen, wenn Sie weg sind? Wie lange sind Sie denn weg? Brauchen Sie jemanden, der Ihren Briefkaschten leert? Mach ich gerne, überhaupt kein Problem. Sie müssen mir nur Ihre Schlüssel da lassen. Wo fahren Sie denn hin? Hoffentlich nicht in den Süden! Wegen Magendarm, Sie wissen schon. Da müssen Sie sehr aufpassen. Soll ich Ihnen ein paar Globuli fürs Immunsychtem holen? Frau Grün, Sie sehen aber nicht gut aus, ist Ihnen nicht gut?"

Annalena konnte es kaum glauben. Frau Käpsle war heute wieder sehr typisch! Sie war der Typ „neugierige*r Nachbar*in" und genauso war sie auch heute! Dazu kam, dass sie ziemlich zwangvoll versuchte, ihren schwäbischen Dialekt zu verbergen, er ihr aber doch immer wieder wiederfuhr. Frau Käpsle war damals in den Nullerjahren aus Backnang nach Berlin gezogen und hatte aus der Portokasse ihres Mannes – eines Ingenieurs, der bei Daimler schaffte – ein ganzes Wohnhaus im Prenzlauer Berg gekauft, in dem sie nun selber ganz oben 300 Quadratmeter bewohnte.

Annalena war wegen Frau Käpsles Schwätzle-Art heimlich immer ganz erleichtert, dass sie nicht direkt in Frau Käpsles Haus wohnte, sondern in dem wunderschön sanierten Altbau daneben, in dem Gero und sie damals einen Durchbruch in ihre beiden Wohnungen gemacht hatten, so dass daraus eine große, sehr schöne, lichtgeflutete Wohnung wurde, die Annalena seit Geros Auszug fast noch größer anmutete und seit Leonards Auszug fast noch größer.

Frau Käpsles Wohnung war allerdings noch größer und schöner, weil Herr Käpsle damals außerdem noch einen Durchbruch zu der Wohnung darunter initiiert hatte, so dass Frau Käpsle seit dem Tod ihres Mannes nun ganz allein eine herrliche, großartige zweistöckige Loft-Maisonette bewohnte, mit einer atemlosen Dachterasse, von der aus man ein fantastisches Panorama bieten konnte. Annalena konnte, wenn sie ganz ehrlich war (und das war sie, ohne es verhindern zu können, in diesem Moment), ein neidisches Gefühl nicht vermeiden. So eine Wohnung wäre das absolute Ziel ihrer Träume gewesen! Warum war die Welt so ungerecht? Warum bekamen immer die dümmsten Blödmänner, die Käpsles dieser Welt, alles?

„…alles mit Globuli… Schlaganfall meines Mannes damals… würde mich ja niiiiiiie impfen lassen… schon mal mit Auraspray versucht… wollen Sie auch mal teschten? Frau Grün?"

„Ähm, ja, gerne. Beziehungsweise nein, danke, Frau Käpsle. Ich hab genügend Aura eingepackt. Und danke wegen der Blumen. Aber der Leonard macht das. Der kommt ja einmal die Woche vorbei."

„Ach, ischt der Leonard jetzt mit seiner Freundin zusammengezogen?"

„Naja, nein, mit seinem Computer, aber das ist eine längere…"

„Frau Grün, warum ich eigentlich vorbeigekommen bin…"

Frau Käpsles Stimme sank auf geheimniserregende Weise herunter, aber genau in diesem Moment erklang ein schrilles Hupen und die beiden Frauen mussten mit einer Mischung aus Schreck und Schock zusammenzucken. Das Taxi!

Als Annalena sich kurze Zeit später von dem Schock erholt hatte, bekam sie unweigerlich den nächsten Schock. Wie sollte sie ihre Koffer an Frau Käpsle vorbei in das Taxi bugsieren, ohne deren Hilfe annehmen und sich mit ihr über die giftige Beschichtung von Hartschalenkoffern unterhalten zu müssen?

„Kann ich chelfen?"
Aus dem Taxi stieg in atemberaubend langsamer Slow Motion ein Taxifahrer, der Annalena spontan den Atem raubte. Er war sehr muskulös. Das konnte Annalena sehen, als sie seine Armmuskeln sah, die voller Bräune unter dem strahlend

weißen T-Shirt hervorstachen. Seine mit hoher Wahrscheinlichkeit auch musku-lösen Beinmuskeln zeichneten sich in der engen Jeans ab, aber nicht nur das. An-nalena konnte auch andere Körperteile und Muskeln erahnen, die ihr Blut in eine Mischung aus Wallung und purer Vorfreude versetzten. So etwas hatte sie noch nie erlebt. Es war pure Lust auf den ersten Blick. Auch nach dem ersten Blick ver-spürte Annalena noch sehr viel Lust, aber da mischte sich auch noch etwas An-deres hinzu: Ein seltsames Gefühl, welches sich merkwürdig anfühlte. Annalena hatte so etwas noch nie gefühlt. Es war diese diabolische Aura, die der Taxifahrer auf sie ausstrahlte und die ihr sinnesgemäß den Verstand zu rauben versprach.

Annalena stellte sich ihre beiden vor Schweiß relativ feuchten Körper vor, die sich in ausufernder Ekstase ineinanderwälzten und in denen sie sich mit einer Mischung aus Besinnungslosigkeit und kein bisschen Langeweile verlor. Es waren Momente wie diese, in denen klar wurde, was für eine Powerfrau Annalena war.

Genau in diesem Moment nahm der Taxifahrer ihr den Koffer aus der Hand und sagte: „Cheiße ich Igor. Kannst du aber Tschjort zu mir sagen."

Er schenkte ihr ein heißes Zwinkern und öffnete ihr mit der anderen Hand, in der kein Koffer war und die auch sehr gut und muskulös aussah, die Beifahrer*in-nentür.

Während Annalena noch wie verwurzelt vor ihrer Haustür stand, löste sich ihr Kör-per langsam, aber sicher aus der Schockstarre. Fast unmerklich tippten ihre schlan-ken Finger auf ihrem Smartphone, welches sie, ohne es selber zu merken, aus der figurbetonten Seitentasche ihres Blazers herausgeholt hatte, und gaben – immer noch in einer Art Schockstarre – die Worte „Übersetzung deutsch russisch" bei Google ein, um dann – immer noch in dieser Schockstarre, wenngleich schon nicht mehr ganz so schlimm – bei Google Translator den Button „Spracheingabe" zu betätigen und mit ihrer leisen Stimme das ausländische Wort in das Mikro ihres glänzend neuen Iphones zu hauchen, welches sie sich im geeigneten, instinktiven Moment gemerkt hatte.

Sie musste lauthals erschrecken, als sie las, was dort stand: Teufel!

Es würde das perfekte Wochenende werden.

Viele Menschen haben zur Entstehung dieses Buches beigetragen. Manche taten das sogar unwissentlich.

Mein besonderer Dank gilt Felicia Binger, Dr. Erich Freisleben, meinem Verlag und last, but not least meiner Familie. Danke für Vertrauen, Unterstützung, Expertise und Engagement!

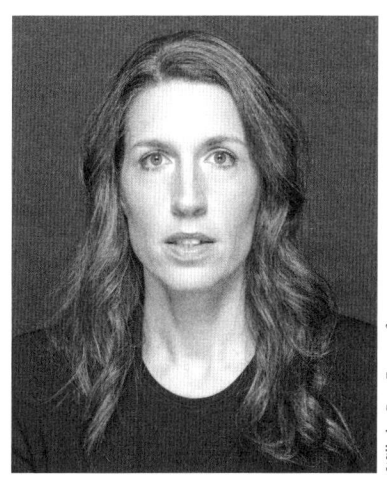

Wilhelm Betz Fotografie

Christine Prayon ist Schauspielerin, Kabarettistin, Mutter, politische Aktivistin. Sie hat für ihre Bühnenprogramme zahlreiche Auszeichnungen erhalten, zuletzt den Dieter-Hildebrandt-Preis. Einem breiteren Publikum ist sie als „Birte Schneider" aus der ZDF heute show bekannt, in der sie von 2011 bis 2022 mitwirkte. Prayon ist seit der Impfung gegen und der Infektion mit Covid-19 an Long Covid beziehungsweise Post Vac erkrankt.